沒有大學文憑的日子，我說故事

暢銷珍藏版

王文靜

suncolor
三采文化

作者序

在另一個遼闊，開啟另一故事

「王文靜？是不是我們老師說的，學測沒考好但是後來很厲害的那個人？」友人就讀國中的女兒讀到國文教科書〈貪睡的長頸鹿〉時發問。那日，在高山工作的我，窗外的雲頓時飄飄入心。這是《沒有大學文憑的日子，我說故事》的其中一篇。二〇一六年此書出版後，陸續被從國中到大學的六種版本教科書收錄。名字出現在教科書上，比在媒體上更讓人興奮。

而今，在三采出版規劃下，以【暢銷珍藏版】重新上市。

近年，我的生活有些變化，但不變的是依然在說故事。我沒有信手拈來皆經典的才情，但總是好奇。我在好奇中探索世界、發現故事，逐漸形成寫作的風格。不論長途旅行或街頭漫步，一株樹，一種動物，或一位古人都能引發我的巨大好奇，在好奇中探索與思考。

〈貪睡的長頸鹿〉是我至尚比亞，見到巨大長頸鹿的好奇：「四公尺高的大個子怎麼睡覺，長頸鹿的睡眠時間有多長？」當嚮導回答「長頸鹿只睡三分鐘」時，徹底掀起我對大自然生物的巨大好奇。這是首次有人以非洲的叢林故事，比喻職場競爭。另一篇收入教科書的文章〈飯包哲學〉，是到池上飯包博物館的旅行，好奇牆上文字的背後：「飯包是做給外出人吃的，一定要用心。」原來，這是一位做了六十年便當，仍一本初衷的阿嬤。

此生，我最大的資產，就是腦子總在想「為什麼」，跳動著無數的「為什麼」，這豐盛了我蒼白的人生。從某一個角度看，我是一名獵人。獵人的訓練——觀察與等待。其境界，不只在槍枝，不只在狩獵技巧，而在能與大自然對話。

帶著「為什麼」這把獵槍，我旅行、我採訪、我閱讀與寫作。從我的眼睛看台灣與世界，看人物起落與四季更迭；隨我的足跡探索高山與極地，探索富裕國度與貧窮村落。形成這本書的大架構：

之一　鴨蛋人生

十八歲數學考零分，以致於沒考上大學，那顆「鴨蛋」影響我對於挫折、文憑、成就的態度。後來長年採訪成功或失敗人物，形成我對於人生路徑的看法。本書收錄的〈萊比錫女孩〉、〈千金難買少年貧〉、〈不能飛高走遠〉、〈南瓜與鐵絲〉、〈螞蟻高，還是長頸鹿高？〉……都是這類的探討。沒有大學文憑，不是我的選擇，是被淘汰的結果。所以，我絕不是主張「文憑無用論」，想說的是，這讓我明白：沒有靠山，自己就是山；沒有天下，自己打天下。逢山過不去，就開路穿去；遇水阻攔，就架橋跨過。

之二　以大自然為師

我生於漁村，從小聽海聲長大。成人後，倚山而居。不論山或海，都讓我有莫名的悸動，我觀察萬物的存活哲學，獲得很多靈感，譬如辦公室的藍鵲、含水過冬的田螺、能矮小能巨大的玉山圓柏、不與赤陽相遇的曇花……從大自然體悟道理，以物喻事，逐漸融入我的文章風格。如果我的生活抽走大自然，肯定無法展現寫作的多面貌。

之三　永不停止探索

我喜歡冒險與旅行，走過七十個國家，去過冰封雪地的南極，拜訪過以老鼠為食的非洲貧窮部落。我探索國家，也探索大時代的精彩人物。譬如希拉蕊（Hillary Rodham Clinton）、已逝的奇異（GE）集團前執行長傑克・威爾許（Jack Welch）、Google前執行長艾瑞克・施密特（Eric Schmidt），還有「華人首富」李嘉誠。在〈成功關鍵，九〇％想失敗〉一文，我寫道，李嘉誠之所以與眾不同，因為思維不同。他做決策時會花九〇％思考失敗，因為：「世上並無常勝軍，所以在風平浪靜時，好好計畫未來，仔細研究可能出現的意外及解決辦法。」

〈另一種革命家〉的主角是「印度矽谷之父」暨「全球最令人景仰的領導者」穆爾蒂（N. R. Narayana Murthy），我問，希望日後人們如何記得他？他回覆：「一個待人公平的人；一個用資料分析得到結論的人；一個心胸開放，樂意接納別人意見的人；一個接受犯錯空間的人。」

有些篇章雖已成文多年，但讀來仍耐人尋味。重新上市的【暢銷珍藏版】在上述外，新增七篇，包括〈春天退潮，藻田祕境〉、〈古圳重現天日！一條在台北消失的河〉、〈在夏天，當麵包遇到香蕉〉、〈如果，海豚真的游回威尼斯〉等等。

好奇如一對有巨大力量的翅膀，可讓人穿梭時空，打破眼睛的框界，生命瞬間變大、變立體、變活。有些人才日正當中，卻過得蒼白。少數人在白髮蒼蒼時，卻生龍活虎。生龍活虎，不是靠一針興奮劑，而是有一顆想探索的心，成就人生的高潮迭起。

一如我在這本書引用南極探險家薛克頓（Ernest Shackleton）的話：「一隻生氣盎然的驢子，總比一隻死獅子來得好。」四度到南極的他說，探索未知之地是人類的天性，唯一真正的失敗，是我們不再去探索。

如今，我離開原任職的商周，創立「品味私塾」。在另一個遼闊，展開新旅程與新的人生故事。遼闊，也代表未知。人生風景，時有不同，很幸運的是，不論繁華或荒涼，這些年，有一個人總默默地支持我。他，是我先生。言語不多但讀書甚多的他，簡直就是一座圖書館，文采亦勝我。人生，難能得此鐵粉。

謹以此書，獻給我的頭號粉絲與家人，
是你們讓我在荒涼中，走出繁華風景。

王文靜

目錄

一作者序一 在另一個遼闊，開啟另一故事 004

話成長

更仁慈對待自己，讓自己喘口氣；
更寬厚的看待願意改變的人。
希望，就是這樣蹦出來。

沒有大學文憑的日子 020
戰敗的孩子 024
千金難買少年貧 028
心中伏獅 031
征服的不是高山，是自己 035
南威之容，龍泉之利 039
下台・上台 042

我是一隻豬 047
斷腳酒杯 049

聊花草・自然

山居歲月，最棒的禮物就是晨起散步一小時。
冬天寒雨逼人，冷啊，我就撐傘、穿雨衣，
被窩再暖，頂多掙扎一分鐘就起身。
夏天到了，太陽炙熱，就提早一個小時出門。

巨人與侏儒樹 056
南瓜與鐵絲 059
香草生死鬥 063
不與赤陽相遇 066
風吹柳動・未見柳折 069
密林養幹 071
原來是山茼蒿 074
晨曦木瓜樹 076

田螺含水過冬 078
辦公室沒有藍鵲嗎？ 081
十姊妹與胡錦鳥 084
無翼鳥的滅絕 086

議旅途

我喜歡去原始世界，
有一次飛到尚比亞，
陪「陸地上身長最高的動物」吃早餐。
「四公尺高的大個子怎麼睡覺？
長頸鹿的睡眠時間有多長？」
黑人嚮導：「只睡三分鐘。」

古圳重現天日！一條在台北消失的河／台北 092
春天退潮，藻田祕境／基隆 096
錯過山毛櫸／宜蘭 100
飯包哲學／台東 104
沃土種出膚淺的葡萄樹／波爾多 107
如果，海豚真的游回威尼斯／威尼斯 110

貪睡的長頸鹿／尚比亞 114
螞蟻高，還是長頸鹿高？／克羅埃西亞 117
另一種革命家／馬拉威 120
艾森豪隨筆／前進美國 125
艾森豪之旅／前進美國 127
生氣盎然的驢子，總比死獅子來得好／南極 137
沒有電話的飯店／柏林 140
郵輪上的「仙女」／阿拉斯加 143

論人

用最大的心，其實就是心無旁騖與全力以赴；
做最小的事，就是不好高騖遠與持之以恆。
道理好像不大，但梵谷筆下的不朽畫作
《向日葵》、《星夜》，就是這麼誕生。

餃子露出餡 148
萊比錫女孩 151
不能飛高走遠 154
老闆教我的兩件事 157
平庸的馬伕主管 161
將軍的價值 164
當傑克・威爾許遇上韓非 167
成功關鍵，九〇%想失敗 172
說人話 175
燈泡或發電機 179
能大能小 182

心中之尺 185
受與擔 188
包子學 190
大佛與石階 193
小三與小四 196
冒牌貓 198
危險動作 C.C. 201
失去眼鼻的主管 204
請問，發票要開統編嗎？ 206
Delete 垃圾流程 208
一顆單純的心 211
After the Game is Before Game 215

談天地

人生智慧，不為結果所苦的智慧。
你還在為果所苦嗎？
別浪費時間了，趕緊收拾情緒，轉移焦點，
把精力放在新的成因，醞釀新的果實吧！

逢山遊山，逢水玩水 220
菩薩重因，眾生重果 223
燒柴大小事 226
What a Wonderful World 229
流奶與蜜 234
心中無事一床寬 238
地上的鹽 240
掛在樹梢的麵包 243
蘋果，可以給我嗎？ 247
沒事常吃飯，有事打電話 249
拖鞋之交 251

過去，成就未來的路

我一直在追逐「山海圳」的起點——零K。
追趕什麼？喔，在追趕美麗的句點。
我可以跳上車，一個最順理成章的選擇，但我放棄捷徑。
人生的路，不管苦澀或甜美，還是要自己走。

四只鑽戒 258
被停權的女兒 261
「品味私塾」四部曲——春、夏、秋、冬
·在夏天，當麵包遇到香蕉 266
·一座古島的世界四大冬景 270
·從高山到海洋——春天，我走山海圳 274
·故事一八六九，一條茶金之河的秋日 279

話成長

更仁慈對待自己，讓自己喘口氣；
更寬厚的看待願意改變的人。
希望，就是這樣蹦出來。

沒有大學文憑的日子

「人生是一場牌局，拿什麼牌，是命中注定；如何出牌，操之在己。（Life is like a game of cards. The hand that is dealt you is determinism; the way you play it is free will.）」——印度前總理尼赫魯。

我的人生牌局，始於十八歲拿到的一張牌：一顆鴨蛋。若干年後，總忘不了那個笑不出來的夏天。

我是聯考的失敗者，沒考上大學，因為數學掛蛋。唉，這其實不是一件容易的事，但我竟然辦到了。講到此，應該握拳。意思是，我在小學六年、中學六年，十二年的數學總結，是一場零分。事實是，從小學三年級開始，我的月考數學分數就赤字，之後就不知道六十分為何物。結果是，程度差，有自知之明，但怎也沒想到會在最重要的一場考試抱一個大鴨蛋。收到分數通知單時，我不可置信：「怎麼可能連一題選擇題都沒猜中！」沒能力也罷，怎麼連一點運氣都沒擠出來。

一個愁雲遮日的夏天，脫下高中制服，換上另一套制服，我的大學夢碎。

我一直自卑、遺憾沒有一張大學文憑。後來在社會上工作的前幾年，當表現不錯時，他們問起哪一所學校畢業，我忘不了對方期待答案是政大新聞系，但我回答是專科生時，對方的尷尬。我也忘不了，剛踏入社會，因為沒有亮麗文憑，想要爭取到一個面試機會的不易。

多年之後，我才懂得十八歲的這個鴨蛋，真是我這輩子最大的祝福。我有時會假想，那年夏天的劇情若改寫：我考上了台大，結局會更好嗎？不會，更慘。本性驕傲的我肯定會變成眼高於頂、不知天高地厚的傢伙，最後，沉沒在人海中鬱鬱不得志。很慶幸，老天讓我的人生從失敗開始。讓我提早有危機意識：「**我是同儕的落後者，但不想一輩子泡在失敗的醬缸**。」於是，我從十八歲後的每一步都如履薄冰，虛心蹲馬步，逆境也鬥志昂揚。

愛因斯坦說：「每個人都是天才，但如果你用爬樹的能力來斷定一條魚，魚

一生都會相信自己是愚蠢的。（Everyone is a genius, but if you judge a fish by its ability to climb a tree, it will live its whole life believing that it is stupid.）」

魚不但不會爬樹，記性也不好。我常自我解嘲，自己是一條魚。魚只有短短記憶七秒鐘。我也是，就連記錄十個數字的電話號碼，都需分三次才能寫完。遑論求學時要背誦古文的之乎者也、抽考英文單字默寫。這讓我在以背誦為主流的考試體系，短處盡現。但我有所長，邏輯清楚，對未知好奇。非常幸運，我這條魚沒有被「不會爬樹」困住。

文憑，像河水，能載舟也能覆舟；文憑，有時候也像化妝品，妝一上，讓自我或他人看不清楚真正的你。所以，沒有漂亮文憑，很苦，但有可能是好事。當你沒有它護航，就要亮出實力，搞定事情，把自己逼到牆角。逼你必須擁有「搞定事情」的能力。人生的中場，不會取決於一場考試。文憑是一時的，很多人錯把一時放大為永遠，不論那是好的或不好的。文憑也能夠是雋永，如果它能開啟一個人對知識的終身探索。

雖然十八歲沒拿到好牌，不過，我後來的際遇很奇妙。

雖然數學零分，後來出任執行長要對財務報表負責；
雖然沒有大學文憑，後來在台大新聞研究所教書；
雖然英文不好，還代表台灣，站上國際論壇演講。

成為執行長、在研究所教書、到國外演講，怎麼會是沒有大學文憑的人敢想的未來？這一切都不在計畫中，但就是遇到了。最大的不同是，勇於接球，收攏為人生的風景。

戰敗的孩子

我的孩子考完末代的國中基測。考完後，他很沮喪，因為拿手的數學錯兩題，錯得大意。這兩題的十分對後續申請學校影響不小。失之毫釐差之千里，排名將落差三、四所學校。看著愁眉不展的他，我很不忍：「你很棒的。媽媽當年大學聯考，數學零分，一題都沒對。」孩子被我說得啼笑皆非。

轉過身，我其實有些許失落。我是一個平凡的母親，很想向人誇耀有一個讀建中、師大附中的兒子。無法如願，總是悵然。你說我虛榮，我承認；你說我將自己青少年時期得不到的東西，寄情在孩子，我也承認。我是膚淺的凡人。

那一刻，我矛盾了：「孩子，媽媽錯了嗎？沒送你去補習。」當多數孩子放學後繼續到補習班時，我讓孩子去打球、在山上抓蟲，只因為我想給他更多留白，探索自我。在教育態度上，我不樂見孩子只是讀書的機器人。偉大的聲樂家瑪利亞．卡拉絲（Maria Callas）回憶童年有無限的感慨：「我童年所留下的回憶並不是一個特別的玩具、一個洋娃娃或是特別的遊戲。我所記得的是那些經過一次又一次演練的歌曲，有時竭盡心力，只為了在學期末能大放異彩。任何一個小孩都不應該被剝奪童年，這樣只會讓他過早身心俱疲。」

我雖平凡，但幸運的是我看得到自己的虛榮與膚淺；幸運的是，理性的我了解，學業分數只是生命中的小部分，不能被它綁架。漫長人生中有太多有意義的事，真不該浪費精力於對錯兩題這等小事上。荒謬的是，這麼多年，這麼多的台灣孩子都如此被束縛，都為了爭贏一、兩題而夙夜匪懈。

「文憑、名校沒什麼了不起？」不，我不是這意思，它對於應徵工作的被接受度，對於把自己介紹給陌生人，大有用處。但是，能用到什麼程度，它的價值是否被放大了？這是我的提醒。我訪問過非常多成功人物，探討成功的真諦，採訪的發現與經濟合作暨發展組織（Organization for Economic Co-operation and Development, OECD）的報告《關鍵能力的定義與選擇》，不謀而合。

報告架構未來人才的三大能力：

一、「人際」能力：指與他人一同學習、生活、工作、處理人際關係；處理情緒與感知他人情緒；分析雙方利益、達成雙贏協議的能力。

二、「自我負責」能力：做好人生規劃與設定個人目標、了解自己才華與極限、選擇適切工作的能力；將夢想化為行動的能力。

三、「活用知識」能力：語言的說寫溝通能力；數學運算、活用知識與資訊的能力；活用新科技並使之與生活結合的能力。

傳統台灣社會的認知把第三項能力當成最重要的能力，而且窄化為分數與文憑，這害慘人。請注意，即便第三項能力都強調活用。

在阿根廷，有一位清道夫變律師的傳奇故事。出身街頭的伊爾雅特（Marcelo Iriarte）因為偶然的機會，三十五歲重回高中讀書，半工半讀完成大學學歷。後來成為律師的他，竟還沒放棄清道夫工作。穿西裝與拿掃把，都是他。他在社會底層多年，所歷練過的人間滄桑與成熟，已不是文憑能給予的，他必然是不同於一般的律師。

我摟著戰敗的孩子說：「這是你人生的第一次戰役，我們該為它慶祝。因為，它讓你在十五歲就嘗到挫折的滋味，何等寶貴的苦澀。戰敗，讓你進不了名校。但媽媽在你這年紀，也沒讀過名校，沒拿過獎狀，考試只在及格邊緣。很多人在意名校、獎狀、分數。但回首來時路，沒有這些，並未限制我在工作的發展，更無關乎我的快樂程度。」

親愛的孩子，我們該為此慶幸。因為，你比那贏得戰場的孩子，提早咀嚼、認識失敗。這是一門沒有人逃得過卻鮮少能修得好的課。

千金難買少年貧

如果你有千兩黃金，你會拿來換取什麼，可願意換取「少年貧」？為何要換取貧窮？多年前，我主持「一個台灣，兩個世界」座談會，對於前ＩＮＧ安泰人壽總裁潘燊昌與三位出身貧困的孩子談話印象深刻。他先恭喜這三位孩子，這是諷刺貧窮嗎？不然。他解釋，「少年貧」養成難能可貴的耐挫力，這就是企業要的人才，也是他花再多教育訓練費都很難培養出來的特質。孩子豁然開朗，原來一路的風雪，竟是老天爺化了妝的祝福。

對於正常家庭長大的人，富足社會的現代父母總是心疼孩子受苦，幫他們處處鋪捷徑，不知不覺中剝奪了他們真實碰觸生命的機會。譬如，碰觸搭公車遲到的後果，從中學習因應；碰觸吃不到冰淇淋的渴望，理解人生不可能天天有 Party；碰觸每天洗碗的家事，累積責任感。生命中沒有過匱乏，該如何懂得珍惜與具備向上動力？現在父母一方面給了孩子太多不需要的東西，另一方面又剝奪他們該有的摔倒歷練。直到不得不離開溫室的那一刻，才發現人生還有一堂父母沒讓他們上的課，叫做挫折。

在另一個課程，我遇到一位做皮草生意的董事長。她介紹自己是來自河北窮鄉村的娃兒，因為窮，所以她只有小學學歷。我看著年輕的她，不敢置信她如何屢屢進出歐洲獸皮拍賣市場。我們比鄰而坐，她不掩飾自己的才疏，頻頻詢問：「學『問』如何寫？」「『甘蔗』如何寫？」「『衝動』如何寫？」……

我按捺著吃驚，一一寫給她。她因為識字受限，甚至難以理解有中文字幕的美國電影，她的 E-mail 都是旁人代發。然而，老天爺雖然剝奪了她求學的機會、識字能力，卻醞釀她驚人的出人頭地動力。她比任何人都能吃苦，紅著眼告訴我：「二十多年來，我從沒睡過一天午覺，睡眠很少，沒休息過。」美麗的臉龐有著剛毅的線條。少年貧，讓她提早進入社會大學，意外的收穫是，剔透人情世故。這就是千金難買、學校無法教的一課。她的父母無力在她兒時建造一座溫室，竟成為她的幸運。皮草女董座的故事，反映出現代父母最難給予孩子的對待：「千金難買少年貧」。

我所指的「貧」，不只是金錢的貧窮，而是匱乏。「匱乏」看似無，卻蘊含難得價值：能從生命的挫折，歷練韌性。記得《阿甘正傳（*Forrest Gump*）》裡的名言嗎？「人生有如一盒巧克力，你永遠不知道你將會拿到哪一顆。（Life was like a box of chocolates, you never know what you are gonna to get.）」漫長的生命旅程起起伏伏，多數人經不起苦澀的挫折，走不到盡頭的成功。你可知道，成功與失敗的差異是什麼？「成功者不過是爬起來的次數，比倒下去的次數多一次而已。」

一如黑奴出身的政治家布卡．華盛頓（Booker T. Washington）所說：「衡量一個人的成就高低，只需看他克服過多少障礙。（Success is to be measured not so much by the position that one has reached in life as by the obstacles which he has overcome while trying to succeed.）」若有了千兩黃金，你現在會願意換取「少年貧」吧。

心中伏獅

美國羅斯福（Franklin Roosevelt）總統曾說：「**我們唯一值得恐懼的，就是恐懼本身。那會使我們的努力陷於癱瘓，毫無根據的恐懼。（The only thing we have to fear is fear itself–nameless, unreasoning, unjustified terror which paralyzes needed efforts to convert retreat into advance.）**」再借用牧師瑪麗．馬林．莫里斯（Mary Manin Morrissey）的話：「**當我們讓恐懼增長大過於信心時，我們的夢想也就被吞噬了。（You block your dream when you allow your fear to grow bigger than your faith.）**」

我曾經長期因氣喘受苦。不只是苦於病痛，更是苦於恐懼，我不知道哪一天會驟然發作而來不及說再見。冬天一冷，氣管一縮，容易發作，若加上情緒過於高興或生氣、緊張，或跑步，就像火上添油。

有一次深秋，我在洛杉磯的近郊山區，看到松樹下好多比手掌還大的毬果，這是台灣的數倍大，太漂亮了。我像發現鑽石礦般的興奮，一直撿拾，想「偷渡」回台灣。就在此時，因為冷且興奮，氣管緊縮，氣喘發作。

癒後，我對生命不確定性的恐懼升高，冒險性格也受到約束，海拔太高的地方不太敢去，譬如青康藏高原。旅行一直是我生命中很重要的要素。但此後，我自動把自己歸類為「半殘障人士」，自動把旅行變成懶人行，不敢有太大的想像，就像有翅膀卻飛不遠的鳥。

這樣過了幾年。有一天，我跟自己對話：「我很有可能，最後並沒死於氣喘，卻被『氣喘恐懼症』困死、嚇死。」

是啊，我為什麼變成「恐懼」的俘虜？

真正讓我恢復行動自信的是一次登長城之行。

有一次到北京度假，在一位體力很好的友人協助下，我放膽攀登一段野長城。顧名思義，野長城就是荒廢許久的長城，該長城的狀況很不理想，千萬別與觀光景點的「八達嶺長城」做聯想。部分地區險峻，爬上山嶺都沒有明顯的路徑，烽火台與烽火台之間只剩下殘缺的石塊。那次，我真的爬上去，像狗一樣，把手當腳用，四肢前進。體力繃在臨界點，恐懼不斷威脅與逼迫我。咬著牙，在友人的「催眠」下，我終於登上去。那一刻，站在頹圮許久的「國之邊境」，俯瞰蜿蜒連綿的山峰，涼風襲來，遙想歷史，真是過癮！北國的山色蒼拔，迥異於台灣。我想，日後我若有機會出版「一生必玩的五十個景點」，必定大力推薦。

我真的沒想到，被恐懼束縛多年的我，有朝一日可以站在野長城上。這一天，也是我重建自己體力與自信，很具指標意義的一天。

挑戰野長城成功後，我便想再移走心中的另一塊「恐懼之石」。

獅仔頭山屬於雪山北脈，名列「台灣小百岳」。從我家可遠眺這脈層層疊疊的山系，我春也看冬也看，晨也看夜也看，如果從獅頭開始起走，必須先當猴子，藉繩索攀上兩段筆直的天梯，才能抵獅頭。抵天梯前，有一段約半小時的緩升木棧道。多年前，第一次造訪時，走不到兩公里的木棧道就拿出氣喘藥救急。根本無力挑戰天梯，更別說登上獅頭。年紀不大，老態龍鍾。

這座郊山，像是啃噬我自信的魔獅。牠禁錮了我，不時喚起我吸不到氧氣的恐懼。之後許久，我被制約，都不敢再提獅仔頭山。失敗的記憶很深，深到根本否定自己有爬山的能力，所以究竟是「不能」，還是「不敢」？無論是何者，結論一樣，就是不碰，不試。把自己打結，卡在那裡。不過，爬上野長城烽火台後的有一天，像吃了信心大增丸，竟與鄰居YD夫婦再訪獅仔頭山。雖然透過每天運動，我的體力已轉好，但是恐懼猶深。我顫抖地攀在天梯，每抬一次腳，腦子就浮現隔天社會版出現王某某墜落山崖的新聞幻想。緊閉雙眼，不時確認氣喘藥還在身上。那真是奇妙的一天，在YD夫婦的鼓勵下，我站上獅頭。第一次，竟能從獅頭回望對山——我居住的聚落。

一座小小郊山，我竟任它困了這麼多年。

在我的生命中，獅仔頭山，這頭伏獅代表一個轉折符號。一個「被失敗與恐懼註冊後就投降」的我，也代表一個「不甘願生命就是如此」的我。再度克服恐懼的經驗，很棒，讓我後來在生命或工作的黑暗谷底時，相信自己一定能達彼岸，讓我渴望抵達彼岸的美好。每個人的心裡都住著一頭獅子。只是，受困的方式不同。

征服的不是高山，是自己

我在海拔三千公尺的雪山上碰到王士豪醫師，他是台灣高山症的急救專家。他這次為協助康橋小學畢業生登雪山，組了一支二十人的醫療團隊。我們聊著天，一旁的醫護人員忙著幫排隊的學生測血氧含量，了解每位的高山適應力。

我問他壓力大不大？他說，初始，每次登完山後，醫護人員都不願意再上山。「你說，大家壓力大不大？」高山變化莫測，讓十個大人安全登高山都有風險，更遑論讓二百六十位孩子平安登上三千八百八十六公尺高山，這是全世界僅見的挑戰。為此，他完成一篇研究報告投稿於國外的期刊。

他說，康橋董事長李萬吉的心臟太大顆了。這形容很傳神，我聽了他們這幾年的驚險，也捏了一把冷汗。譬如，有一年，一位孩子半夜夢遊，忽地，從雙層床的上鋪摔了下來，鼻梁受傷出血。他說鼻梁出血與腦後出血，只是部位不同，危險是一線間。這次，一位九十公斤重的工作人員在第二晚的血氧含量過低，這是高山症的前兆，於是兩位登過八千公尺高山的嚮導與王醫生連夜護送他下山。

辦教育，要走出特色，但不能跟安全對賭。這是不能有一個人或任一環節出錯。這包括，事前的路線規劃與孩子身體狀況的風險評估，孩子多次與長期的郊山訓練，醫護人員、高山嚮導、學校老師的人數配比、適任性。李萬吉若非對孩子的高山教育有很深的信仰，那此人鐵定是瘋子，否則怎會年年搬磚頭砸自己腳？不畏重重困難，他就是想將孩子們帶離教室，磨練孩子的心智、挑戰自我。

我的童年教育，並沒碰到一位勇於不同的校長。所以對山的渴望，就一直成為遺憾。這次，在專家的協助下，我終於圓夢。雪山雖然是台灣第二高峰，但難度高於玉山。最後一天尤其難忘，我們走了十四個小時與十四公里。凌晨兩點出發攻頂，在月光引路下，走過奇特的冷杉黑森林，越過冰河遺跡，與高山杜鵑共同迎接金黃的旭日。

那一刻、那一步，站在雪山主峰頂，我不敢置信：「我真爬上來了嗎？」轉身看一個個孩子，或胖或弱或落後，但無一放棄，每一位都成功攻頂。他們超越自己的極限，在高山上，領到生命中的第一張畢業證書。這張畢業證書的意義不只是一張文憑，更是他們自信心的肇始。我跟李董說：「我也想跟你要一張畢業證書。」

自信是太奇妙的東西，當你相信你可以時，會忽然變成一個超人。爬過雪山的半年後，我隨康橋繼續挑戰國中的登山活動——合歡群峰。合歡群峰有五座百岳，難度最高的是合歡西峰。幾年前聽朋友說，合歡西峰或許可見到水鹿，也不知真假，就有莫名的憧憬。合歡西峰的前哨站是北峰，抵達北峰是兩公里，再到西峰是其三倍距離，而且過北峰後，必靠繩索四肢並用地攀過好幾個山頭，才能抵達。來回距離十三．四公里，約十二個小時。登山者通常一天往返，頂著頭燈半夜出發，披星戴月而返。

我第一次爬北峰時，有兩位同行者走不到半公里就打退堂鼓。我也好不到哪去，我有心理障礙，台語說很「剉」。但我真想穿越那片高山箭竹林與冷杉，俯瞰百岳群山。深切的渴望與好奇，讓我無顧恐懼。無顧恐懼，並非沒有恐懼，我氣喘的陰影始終未曾揮去。有前兩次經驗，我這次格外注意節奏，攀高時不敢躁進求快。尤其，回程的每一步都如千斤之重，都不知道能否完成全程。山上的氣候說變就變，下午五點一過，天色瞬間變黑、變冷，在零度寒雨中下起冰霰，雨勢變大，彷彿在山間溯溪，加深最後兩里路的危險。這趟蹣跚，終於在黑夜裡完成。

登上山頂的感覺，太棒了。很奇妙，我更加喜歡自己。我不知道，這是否來自於自信心的顯著提升。**「第一位登上聖母峰的人」艾德蒙．希拉里（Edmund Hillary）是一位偉大的冒險家，亦是哲人。一九五三年之前，沒有人類能登上聖母峰頂。氧氣稀薄，雪勢無情，攀登者不是挫敗就是死亡，聖母峰因此被稱為「不能征服之山」，只有上帝能抵達。直到紐西蘭人希拉里打破紀錄，那年他三十三歲**。征服世界第一高峰後，希拉里立即被英國女王伊麗莎白二世封爵，這是她登基後授予的第一個爵位。這位冒險家後來成為紐西蘭紙鈔上的肖像人物，留下一句名言：**「我們所征服的不是高山，而是自己。（It is not the mountain we conquer, but ourselves.）」**時隔一甲子，此話仍擲地有聲。

南威之容，龍泉之利

外界常以為擔任總編輯或執行長的人，英文應該不錯。其實，誤會了，我真不是。然而，這職務不時會有國際邀約，這該如何處理？分享我的經驗。

幾年前，北京有一場國際媒體論壇，我代表台灣與談。在此之前，我剛結束在馬來西亞的英語初登場，慘痛，信心不太夠。北京主辦單位給講者多一種選項，若英語沒把握，可以用母語。我幾乎沒什麼猶豫就回答「英語」，全然忘記先前的慘痛。我這「大膽小姐」如此盤算，這不是一個人唱獨角戲，只要先確認主持人的提問，應可過關。世事無捷徑，準備好英文講稿後，死背、死背、再死背。熟讀、熟讀、再熟讀。既沒人聰明，準備功夫就下深。

座談會當天，沒想到，我碰到的是一位即興演出的主持人，他完全不按牌理出牌。事前溝通好的問題，全拋到腦後。我的準備用不上，而且我連他問什麼都聽不懂，腦子空白。深呼吸，我必須硬著頭皮，鎮靜沒事，反正他問他的，我回答我的。下了講台後，負面情緒一湧而出，我懊惱自己：「為何要逞強，不用中文表達，丟臉丟到北京。」當場的另一位大陸與談人，選擇講中文，贏得滿堂彩。我糟透了，想找人傾吐沮喪，於是傳了簡訊給我先生。

沒多久，他以曹植的〈與楊德祖書〉回覆：**「蓋有南威之容，乃可以論其淑媛；有龍泉之利，乃可以議其斷割。」南威是春秋時代的美女，龍泉是一把名劍。**意思是：「老婆大人別難過，你很棒的，台下觀眾除非有南威美人的容貌、龍泉寶劍的銳利，才有資格評價台上的美醜與鋒利！」我收到簡訊後，破涕為笑，「我是媲美西施的南威喔！」本來想找一個地洞鑽下去的念頭，頓時煙消雲散。

我豈有南威之容，但好一位激勵大師，讓我的信心迅速復原。馬來西亞那次的挫折，我心裡始終放不下，就是好強。聽眾早就忘記這場印象模糊的演說，而我還困在其中。**「不要把自己看得太大，不論是你的沮喪，或者是你的驕傲，其實都沒那麼大，你以為全世界都看到了，但其實沒有。」**我後來讀到張小燕對挫折的體會，感觸良多。

哪裡跌倒，哪裡站起。

幾年後，我第三度代表台灣，站上更大的國際論壇——二〇一三年在羅馬舉行的世界雜誌大會（FIPP World Magazine Congress），壓軸最後的執行長對話。這是我沒闖過的關，我願意再試。緊張與壓力未減，但我從兩次的失敗，研究原因。首先，轉念。我把目標調整為表達清楚，不是追求完美。以前好傻，希望自己有英語系講者的水準。啊呀，怎麼可能，這輩子來不及當美國人了。設錯目標，以致於絆倒自己。其次，找出竅門：一、只記關鍵字，不死背全句。就算脫落一些，無所謂，不需要句句完美；二、句子簡短、簡短、再簡短。三、不能有新單字（勿因小節，增加壓力）。

Yes！我終於成為南威了，做到的感覺，真是太痛快。語言能力或許是某些人的劣勢，但這不是死穴，千萬別因此投降。真正的失敗是，自我放棄，讓我們再沒有勇氣去探索。

下台．上台

十年了！每週二下午三點，我會關上辦公室的門一小時，埋首完成當期雜誌的最後一篇文章〈總編輯的話〉。此刻，循例如此，不過這是我最後一次寫此專欄。因為，二〇〇九年七月我卸下《商業周刊》總編輯。

回首過去十年的每週二，高潮迭起。有一次到瑞典出差，登機前，專欄還沒完成，緊張地拿著手稿，飛奔上機。飛機趕上了，但氣喘發作了。飛機在跑道上加速前進，密閉的空間讓我喘不過氣來，氣管緊縮，幾度吸藥無效，我快窒息於一架騰空高飛的飛機上。那是我生命中，第一次與死亡如此接近。我心想，好多事情沒做，該不會死在一篇未完成的稿件上。

還有一次截稿日，二〇〇一年強烈納莉颱風來襲。兩天的豪雨量，是台北五十年僅見。半個台北盆地幾乎都泡在水裡，成了湖泊，一艘艘橡皮艇急著救人。大風大雨中，編輯部的同仁，家中或淹水、停電、停話，電腦癱瘓、通訊中斷……紛紛從淹水區趕到公司。而且，無一人缺席。對於當時的後製主管帶領的這批同仁，我心裡有很大的矛盾、不安與敬佩。

然而，當同仁在風雨中趕到公司樓下時，望著高高的二十一樓卻上不去。因為《商業周刊》辦公室所在區積水，地下室淹水，全面停電，電梯失靈，備用發電機也故障。即使上去，也無法開啟電腦做版面。「如何是好？」雜誌送廠印刷時間進入倒數計時，準時出刊，是我們沒有二話的承諾。主編試圖拉電纜、買柴油啟動發電機，都無法解決。後來，有人想出移地辦公的方式。問題接著而來：一、台北市哪裡沒停電？二、臨時辦公室的電腦必須灌有編輯排版軟體。三、對方不需要截稿，可以空出來讓我們使用。那真是難上加難的任務！動用了所有關係，終於，我們借到《儂儂》月刊的辦公室。他們的辦公室在災情較輕的新北市，而且截稿時間與週刊不同，辦公室雖停電但備用電力系統可以啟動。

我就是在那陌生辦公室的小小角落，昏暗中，有驚無險地完成調度一位在紐約現場的記者報導該期九一一事件，核出當期所有的稿件。

我總是核完當期稿件後，才能寫〈總編輯的話〉。那是我每週最疲累，也是壓力到達最尖峰的狀態。十年來，密集地大量處理文字，讓我在不知不覺中，產生閱讀障礙。有人是厭食症，我是「厭字症」。不工作時，我很難讀完一本書，總是翻了幾頁，就難以持續。這後遺症持續十幾年，現在才好些。縱然辛苦，但我很開心，讀者喜歡我的專欄，《商業周刊》的發行量亦逐年攀高。

卸下總編輯職務後，我轉任集團執行長。我想對共事十年的編輯團隊致上最高敬意：「能與你們共同打過許多美好戰役，是我此生的榮幸。不管環境如何惡劣，勿忘，對媒體的初衷。」

轉換角色為集團執行長，我的心情甚為矛盾。我理解，執行長這角色是不被全天下上班族喜愛的角色，利益老掛在腦子裡，冷血看數字。因此，當有一天，我必須從總編輯變成執行長的時候，我不知：我的生命是否將陷入金錢與數字的無止境追逐？還是，我能說服更多人一同攀登「喜馬拉雅山」，創造歷史？

當了十年總編輯，很過癮！像躲在電影幕後的導演，完成一部部作品與夢想。但捫心自問，我或許在一個舒適圈太久了。在反覆與矛盾中，我一直忽略我的前任老闆金惟純先生的角色。我從沒想到，他真的會放下創辦的事業，留我獨撐大局。

對於他退休的決定，我一直很不以為然。

直到，有一個週末……

我回家看老父親。他緩緩的指著兩瓶龍眼蜂蜜說：「不是什麼昂貴的東西，但是蜜很純。」他反覆說著「蜜很純」，要我提去送給金先生。問我這樣做，妥不妥？我愣住。

為何我沒想到要感謝金先生？而是，父親先想到。

父親多次中風，身體時好時壞。第三度中風出院後，金先生專程到我瑞芳老家探望他，小小的客廳侷促坐著兩個無話可聊的男人。當時八十四歲的老父親，戰亂中沒機會讀書，但做人極其厚道，總記得金先生提拔他大女兒。一個連大學文憑都沒有的女兒，竟當上總編輯，這是他老人家怎麼也想不透的。

父親從不誇我，但眼神中，可以窺見老人的欣慰。欣慰來自於「女兒還有一份穩當的工作」。每當我倦勤，他就反覆說著：「飲水要思源，要謝謝金先生與何飛鵬先生。」從戰亂中走過來的他，是真心真意地感謝，女兒能有一份工作的幸福。

看著這兩支瓶子立在飯桌上，我湧起擁抱它們的衝動。我彷彿看到，沒有家人陪伴的漫漫白晝，剩下單眼薄弱視力的父親，蜷曲在沙發，喃喃念著號碼，吃力地撥打電話，一個號碼又一個號碼，終於撥通郵購公司的電話，成功訂了「很純的蜂蜜」。我可以感受到，屢敗卻屢撥，一次再一次，是老人家急欲說出口的感謝，這是他的一樁心事。

我想，縱然我跟金先生說一千萬聲感謝，都抵不過父親這兩瓶無言的蜂蜜。確實如此，金先生非常詫異中風後的父親如此惦念。我也是，真也沒想到，擔任執行長的第一堂課，竟是由父親授課。他真是全世界最棒的老師。

我是一隻豬

別羨慕我，也別太吃驚，我是一隻豬，一隻天塌下來都能睡得好的豬。我的小本事是，一碰到床通常三分鐘就入睡。失眠？嗯……此生就一次，那次是時差加上不慎喝了咖啡。朋友每次聽我這麼說，都想揍我，覺得我太不知庶民疾苦。庶民疾苦？我承認，我真不知道為什麼會睡不著覺。人累了一天，躺在床上，最自然就是呼呼大睡，這打從娘胎出來後就會的事，怎麼長大後就不行？每當我說到此，幾乎周遭的拳腳與棍棒已下：這人，就是讓人討厭，得了便宜還賣乖。

但，我是真不解。

說壓力，我當然有，這年頭不是太平盛世，哪一個人的飯碗不是戰戰兢兢地捧著。尤其，像我這種事事追求完美的人，常常放不過自己。當執行長後，壓力更大，要能擘畫願景、制定策略，還要關照一大票跟著打拚的同仁，肩上壓力怎麼會小。但，愁歸愁，夜深了，我的瞌睡蟲就準時報到，多年不變。

我認真想了想為何能如此，這應該與兩個心態有關：

一、正面思考：我相信，要做的事難度又不是登火星，所以沒什麼做不到。廢話別多說，過程中，就是盡心找出路。二、放得下：凡事但求盡最大力，至於結果如何，煩惱也沒用，就交給老天。

正面思考，這是我天生的性格，這要感謝父母。放得下，這是後天學習。幾年前的夏天，我一度碰到家庭與工作很大的低潮，不知道如何度過時，讀到聖嚴法師的「面對它、接受它、處理它、放下它」，豁然開朗。此後，遇事就會反覆練習，現在也還在練習中。難關沒有因此停止，但因為有意識的調整，心境也就不同。

成為一隻豬，好像沒啥值得誇耀。實因現在吃安眠藥入睡的人太多了，我才覺得這是社會集體問題，而這或許與個性有關。**「睡得好」是萬事之始，路才能走得遠。所以，如果你還不是一隻豬，請認真一點，找出你為何成不了一隻豬。千萬別在該像豬的時候，是一隻鬥志昂揚的公雞。**

歡迎加入「睡豬俱樂部」，我是編號一號，呼叫二號報到。

斷腳酒杯

日前家中宴客，我拿出一組手工製玻璃的藍水滴高腳杯。一滴寶藍凝在杯腳是這款杯子的特色，我多年前到瑞典出差「抱」回來。朋友懂酒，已備好酒，若搭配好酒器，將是一場完美宴席。但先前摔破幾只，我沒把握數量是否足夠，忐忑地數了數，一、二、三……賓果！九只，太美了，恰是宴客人數。宴客前夕，我就在這樣的好心情準備到半夜。臨睡前把杯子擺放好，說時遲那時快，我的袖口勾到第九只酒杯，像電影的慢動作，那只杯子就在我眼前倒下，腳斷了。

我是一個追求完美的人，一絲一毫不容錯。杯子碎了，我的心，靜止。看著第九只藍水滴酒杯的「屍體」，我不知道該怎麼回應眼前。這是一個讓我難忘的深夜，我感受到自己的念頭雜亂而快速地變化，空白、懊惱、沮喪、憤怒。最後，念頭就在調整為「接受」後，紛亂思緒落定。

我問自己：剛才若只找到八只酒杯，我是否就不會沮喪杯子意外，不會懊惱「完美」被破壞？所以，換一個念頭，我告訴自己：擺在眼前的是無法改變的事實，如果我要繼續放任懊惱，就會毀了明天。想到這兒，念頭不再放肆。那晚，一覺到天明。

第二天，廚子到家裡幫忙。她小心翼翼地擦拭杯子，不知怎地，又一只藍水滴酒杯在她手，破了。那瞬間，我竟然笑了，昨晚的懊惱徹底消逝，我原諒自己的不小心。我這才懂：人生就是不可能處處、時時地完美。原來，不謹慎會有意外，小心翼翼也會有意外。生命中的「不完美」，與努力與否不全然相關。追求完美是優點，一旦過當，就變成執著，自己辛苦，周遭的人更辛苦。人生四十歲之前，要有追求完美的講究；四十歲後，要有「沒關係」的智慧。事前，盡心；事後，順其自然。

個人處事當如此，領導不也是如此。

有一次，與一位外商公司總經理碰面，她聊到老外老闆常常能換一個角度看事情，營造企業的正面氛圍。她觀察，台灣主管對自己及部屬永遠都覺得做得不夠好，即便已做到九十九．九，只差〇．一就一百分，還是覺得不夠好。老外不同，很會鼓勵人，很會Celebration（慶祝）！一點點進步，哪怕只有〇．一的進步，也要慶祝。這看在台灣人的眼中，難免覺得誇張。「這事，也要慶祝？」我同意，這並不適合所有的公司，特別是馬馬虎虎文化充斥的組織。但對於一家已然卓越的公司，它能營造出願意嘗試的組織文化、蹦出新可能。

人，是在激勵中前進，現在台灣需要更多的正面力量。

「同樣的〇．一，端看你如何讀它。這是一種看待；抑或它距離目標可能仍遠，為進步喝采！哪怕只是進步〇．一。」這是那天對話，我最大的收穫。

當然，知易行難。一件事情攤在眼前，我是挺擅於看出事情的不完美性，雞蛋裡隨便就能挑出十根骨頭。部屬認為他這件事有三個缺點，我還可以幫他再補充三個。但是，你要我為進步〇．一喝采，我真是痛苦，就是看不出那〇．一。我不是不想，而是不會。以前，我練習過幾次後，我也沮喪。後來，終於找到一個方法。當我看不到進步的事，我就請一位擅長從進步角度看事情的同仁，借他的眼，問他具體看到什麼。幾次下來，逐漸覺察到自己看待問題的思緒路徑。這樣的覺察還很粗淺，我並沒有找到改變的捷徑，但是知道反覆練習的必要。

這樣的練習，意味著我想要放棄過去的自己？不是的。或者意味著，要抹殺像我這樣個性的人？也不是。我只是想給自己一個功課：更仁慈對待自己，讓自己喘口氣；更寬厚地看待願意改變的人。希望，就是這樣蹦出來。

聊花草・自然

山居歲月，最棒的禮物就是晨起散步一小時。
冬天寒雨逼人，冷啊，我就撐傘、穿雨衣，
被窩再暖，頂多掙扎一分鐘就起身。
夏天到了，太陽炙熱，就提早一個小時出門。

巨人與侏儒樹

如果我是樹，我希望是玉山圓柏。

結識玉山圓柏，始於有一農曆年爬合歡山北峰。這座山峰是百岳之一，前次爬是秋景，這次是隆冬，登山口前的馬路仍有殘雪。走在稜線，風勢強勁，我躲在前導者身後勉力移動，甚至想變身為爬蟲動物匍伏。要在海拔三千四百二十二公尺的合歡山北峰生存，必須適應：強風、嚴寒、重雪、乾旱。這樣的山，除了草黃一片的箭竹林覆蓋，唯一的樹就是玉山圓柏。我是在匍伏時遇見她。

玉山圓柏既是喬木，可想見她高聳十八公尺的身軀，約當五層樓高，昂然威武。這是爬山時，在迎風面看到的玉山圓柏。然而，玉山圓柏還有另一種面貌。**在**

逆風與重雪的高山頭，當所有植物都被消磨殆盡，她會改變高度，堅毅而有智慧地存活下來，陡降到只有半個人高，蜷成只有十分之一的高度，匍伏盤根成為粗壯灌木。驚人吧？一種樹可以巨大亦可矮小，玉山圓柏的精彩正在於此，她是從冰河時期就有的古老樹種，能屈能伸，既是巨人，亦是侏儒。

台灣的高山，令人敬畏。當景氣嚴峻時，好比三千公尺高山的強風與重雪來臨，多數人或企業都被打退下來，我們偶爾仍可瞥見「玉山圓柏人才」的身影。

企業非常需要「玉山圓柏人才」，順境時，堂堂而立；逆勢時，有逆風打仗的能力。然而，現實中，這樣的人才真是不可多得。

一九二九年，哈佛大學教授懷特．坎農（Walter Bradford Cannon）提出「戰或逃反應（Fight or Flight Response）」的重要心理學理論，並出版《The Wisdom of the Body》一書。他從研究動物世界發現，在遇到威脅時，牠們會啟動可能的防禦機制模式，這不外乎：戰或逃，亦即，或如原野之獅，或如暗巷之鼠。研究發現，人類在碰到壓力或衝突時，反射性地也會啟動相同機制：掀起戰役，搶回地盤；或迴避衝突，逃離現場。每個人的個性不同，有人的慣性是fight（戰），有人則是

南瓜與鐵絲

我曾經處理過一個封面故事〈草根狀元〉，這緣起於與一群台灣連鎖店業者的大陸之行。他們是黑手創業者，公司不大，學歷不高。他們的自我介紹很詼諧：「我們是台大畢業，」我錯愕與疑惑？「哈哈，台灣社會大學啦！」他們很草根性，處處充滿街頭智慧。後來，我與時任台灣加盟連鎖協會理事長的許湘鋐，一直有聯絡。

那年，一個夏天深夜，我在大連，聽許湘鋐講他的創業。在異鄉的夜晚，桌上的茶很甘，但他的故事很苦。他說，國父革命失敗十次，他創業也失敗十次。

他曾經是麵包學徒、夜市的香腸小販、餐廳廚師……多次倒閉或深陷六合彩賭局，最後只好帶著妻小每天投靠親戚吃白食。走投無路時，他去當快遞小弟。有一天大雨，他全身被淋得濕透，他恨自己敗光一切，落拓潦倒地對老天爺狂吼：「淋乎死！淋乎死！為何不好好做生意？你若有駛賓士，今天就淋未死。」

那是他人生的轉折點，後來他在當快遞小弟中，熟悉起台北大街小巷，培養出對黃金店面的敏感度，而能東山再起，如今是台灣餐飲業界的一方之霸，旗下有許多餐飲品牌。

那趟回台北的飛機上，我坐在他旁邊，瞥見他撕下一張綠草如茵的別墅廣告，他看了又看，嘴角泛出笑容，然後小心翼翼地折好，收入口袋。我問他，怎麼回事？他靦腆地說，這棟別墅是他奮鬥的夢想。他與一方哥兒們最近聯手買下一大片地，準備一同蓋別墅。在香港轉機時，一票人坐在候機室等待，他又拿出那張別墅廣告，看了又看，愛不釋手。

許湘鋐的年齡其實比六年級世代的草莓族大不了幾歲，但是他的人生反倒像酸苦的柚子。那次同行的還有小木匠出身的林朝景。我簡直不敢想像，一個在賭場長大的孩子還有出頭天的機會。他的爸爸白天在葬儀社抬棺，晚上在家開賭場，這就是他的童年。他們家是村子裡最矮的房子，積欠了五百斤的稻子，讓他的人生起點在社會底層中苟延殘喘著。後來，他從木匠搖身變為裝潢公司的總經理。

他們的故事，讓我想起一篇有關南瓜實驗的外電報導，**美國麻薩諸塞州安默斯特學院（Amherst College）進行一場探索南瓜的實驗。他們用鐵圈箍著成長中的小南瓜，小南瓜雖然承受壓力但是仍不斷向外突破。一開始南瓜能承受五百磅的鐵圈壓力，但實驗者不斷加重。實驗的最後是南瓜居然在承受了超過五千磅的壓力後，才破裂。**

「勇猛」的南瓜後來被剖開，內部纖維非常堅韌已無法食用。不僅如此，為了充分吸收養分，南瓜的根延展到超過八萬呎，最後更接管了整個花園的地下土壤與資源。驚人吧，小南瓜展現了無比的生命韌性。

每一個人的職業生涯都有「鐵絲」，在我們平順時如此，在我們落難時更是如此。有的人因為鐵絲橫亙，而自怨自艾於人生谷底，但是當你知道小南瓜都能展現如此驚人的力量後，還要繼續如此嗎？如果你現在已經九十歲了，回顧一生的事業生涯，會以哪一個英文字母形容？L型、U型、V型、W型、S型……？L型表示從事業高峰墜下後，從此在谷底；V型表示觸底之後立即反轉；U型表示盤旋打底後，東山再起。L型與U型曲線，它們前半部分的走勢接近，但是後半部分完全不

香草生死鬥

從我們家後院，可以俯瞰一片原始林。層層山巒，遠觀很美，近觀則很雜亂，雜亂的原因在於雜木混生、野草張牙舞爪盤據。我請教園藝專家如何整理，獲得的建議是除去一些雜木與野草後，新植一些冬天會有色彩的楓樹或洋溢熱帶大圓葉氣息的姑婆芋，景觀可一新。不過，園藝專家最後告訴我：「你可以試試看，但『外來者』不見得能活下來，因為大地是最現實的競爭生態。」我聽了，就沒積極改變原始林。

一年後，有趣的現象發生了。有一天，我伸頭一探，在物競天擇下，原來的雜草只剩下一小撮，取而代之的是爬滿地的非洲鳳仙，好像滿鋪著粉紅小花的綠色大地毯。我其實很不喜歡非洲鳳仙，覺得她俗麗、廉價，以前若在院子發現她一叢叢冒出時，總是除掉。不過，山上的潮濕氣候非常適合非洲鳳仙的生長。一場大雨後，許多植物或者根部開始腐爛，或者垂頭喪氣，但非洲鳳仙戰鬥力昂然，迅速拓展地盤。接連幾場雨後，鳳仙花勝出局面已定。

從原始林的一隅，看到大自然真槍實彈的消長。不管我喜不喜歡非洲鳳仙，她已是勝利者。

搬到山下後，我在公寓陽台布置一個植栽區，上演如出一轍的競爭。陽台的植栽區，種了十種草本植物，迷迭香、薄荷、羅勒、百香果、荷蘭芹等，多數是香草。我對香草的習性不太了解，這是一次嘗試。視覺效果不錯，坐在餐桌旁看出去，高高低低，錯落有致。起身推開落地窗，清香撲鼻。偶爾剪下迷迭香，丟進澡盆裡，全然放鬆的精油浴。我挺喜歡這群「新朋友」。

好景不常。有一次，兩天沒澆水，原本生意盎然的香草們像洩了氣的皮球，垂頭喪氣。我立刻澆水搶救，有的被救起來，但有些已回天乏術。那一刻，我忽然發現，雖然都是香草，但適應力差異很大。

當生存環境改變，光線、濕度改變了，這大大考驗香草們的適應力與韌性，堅強與求生能力。有些香草調適得極快，有些緩慢。同樣的日升，他們競爭光線，奮

力長高；同一包土壤裡，他們爭奪腳下的盤踞空間。一陣子後，消長立見。搶到陽光的香草長得很高、很快，於是占據高空的光線資源，強者越強，被壓制在下方的香草存活更難，彼此不再平等。攀爬見長的百香果一枝獨秀，強勢擴張，範圍已擴大三倍，若無處依附就勒住「香草同伴」。弱勢香草陣亡一半，包括薄荷。一年後更慘，香草陣亡三分之二，百香果已據地為王。

小小的香草袋，竟然也是一處殺戮戰場。

百香果、非洲鳳仙的勝出，說明植物世界，不過是人類世界的縮影。新科技、數位時代帶來劃時代的顛覆，從職場、商場、選舉、跨國家之間，沒有一處不被影響。最近同仁們要我註冊ＦＢ，「下海」參與。我是一個極不願暴露自己於眾的人、不喜歡被３Ｃ科技綁架的人，但也不得不妥協。一位朋友說得好，數位時代來臨，不管你願不願意，與時俱進就是一種必須的能力。

不與赤陽相遇

有一種原生於南非的植物，尋找在炎熱的沙漠區亦能開花的方式，年復一年，物競天擇，終於演化出生存之道。**當赤陽下山、黑夜降臨時，她趁涼稍稍綻放。生命結束於隔日第一道陽光出現前。一生短暫，不與豔陽相遇，只博一夜燦爛。**

她是曇花。

一千多年前，中國隋朝就有曇花的記載。久聞曇花一現的傾城之美，於是，我湊熱鬧地向鄰居要了一株。不開花時，她像無刺仙人掌，長相平庸。曇花是仙人掌科，醞釀開花時是從葉緣蹦出、垂下一枝帶花苞的梗。

進入夏季時，山上有曇花的人家紛紛報喜：「開花了！」像古代文人般互相邀約賞花。賞曇花，像看一部慢動作電影，過程還有淡淡花香撲鼻。曇花是奇花，等得到曇花開的主人必須具備「二心」——細心與耐心，否則，養得出曇花未必看得到。今夏，一位朋友家裡孕出十幾朵含苞曇花，得意不已。一晚，回家倒頭就睡，第二天起床尖叫，錯過這群曇花同時怒放的精彩。結束了，啥都沒看到，這就像錯失一支股王的上漲期。或者，一位北京人竟錯失北京奧運的開幕。

眼看著別人家的曇花一朵接一朵開，我要來的曇花也投入「生產報國」行列。雖然只有一朵，但太精彩，幾小時內目睹生命的初始、怒放與隕落。明明心情還在興奮迎接誕生，死神卻已守候門外。隔天黎明，一張開眼，我赤腳奔到曇花前，就是想在旭日高升前，瞻仰她最後之美。哎，她已然收闔花苞、垂下枝頭，優雅地準備退場。

這麼美的花，只有牡丹的姿色可以並論，但她為何只博一夜燦爛？

每一種植物的生命狀態，與她的出身背景有很大關係。你想想，她生於沙漠之地，在能曬死人的大太陽下，怎麼生存？她只有迴避，不強出頭，這是「人在屋簷下的低頭智慧」。**曇花，是美麗而有腦袋的花朵，她聰慧地在該退場時，毫不戀棧。然後，轉一個彎，伺機再起。她的出場方式很特別，雖然她每次現身都無法撐過白天，但一朵花謝後，會擇另一個黑夜另開一朵、再登場，化整為零地盤踞夏天**

風吹柳動，未見柳折

我在媒體工作多年，讓我熱情如初的原因是，我看到、知道、感受到透過知識的傳播能影響許多人。每每聽到讀者的回饋，總讓我動容。

有一次，在日本攝影師森山大道（Daido Moriyama）的攝影展，碰到一位建設公司的老闆娘。我們的話題，從她是《商業周刊》老訂戶開啟，她侃侃而談參與第一屆「商周之夜」賈伯斯（Steve Jobs）紀錄片首映會，與閱讀《商業周刊》的歷程。那天傍晚，看展的人逐漸散去，我坐在角落靜靜聆聽這位建設公司老闆娘說起《商業周刊》與她的故事：「你一定不知道，你們的報導曾經影響我非常深。」有一段時間，她很辛苦，公司起起伏伏，面臨轉型挑戰，就在不知道將如何度難關，忽見柳暗花明。有一期的報導竟然觸動她：「風吹柳動，未見柳折。」這八個字，讓她在谷底轉念，而今成為案頭的座右銘。

颶風來時，天地動搖，更何況是各種樹木，唯有柳樹不同。柳枝比較強壯嗎？豈是。柳枝柔弱，一位柔弱者如何度難關，但見柳樹隨著風，順勢而動，不頑強抵抗。颶風過後，巨樹或折枝斷臂，或者被連根拔起，柳樹雖零落一些葉，但依然瀟灑。逆境的柳樹，盡是生存智慧，一如**古諺：「處事樹為模，本固任從枝葉動；立身錢作樣，內方還要外邊圓。」**柳樹的智慧不止於此，她還耐旱、耐水。當水淹之時，大部分的樹根就此腐爛死亡，但柳樹不同，她會有新的出路，長出不定根，漂浮於水面，幫助她吸收與運輸養分。

這幾年，從大自然身上，我學習許多，不論是柳樹、曇花、玉山圓柏、田螺……人若不驕傲，虛心觀察大自然的萬般生態，今日所遇種種逆境，其實未必有我們想像的難。颶風終會過去，問題在經歷颶風後的我們將會如何。

這真是一段有趣的互動，媒體工作者原是知識的輸出者，但沒想到，反過來，從讀者的分享，我反芻這句話「風吹柳動，未見柳折」在不同人身上的發酵，而有新的激盪。那當下，我變成受眾。傳播者與收穫者，角色易位。

密林養幹

南投，一位農場主人要廢掉原果樹區，改種其他作物，問我是否要水蜜桃樹與杏樹。我眼睛頓時睜亮，真是天外之喜，十幾年樹齡的水蜜桃樹，樹幹與樹形都相當漂亮。光想像，山櫻花開過後，花園不再只有杜鵑唱獨角戲，還有碩壯的桃花報春，就興奮不已。

好雖好，只是，這批樹沒有先斷根，而且移植時令已晚，有些桃樹已吐花蕊，存活率很低。我特別請園藝老搭檔阿德幫忙，一日往返南部，速將五株桃樹與一株杏樹運回。

外表黝黑、土直的阿德經營一家頗具規模的園藝公司，是我的園藝百科全書。他有好幾座園子，從北部到中部，種了各式各樣的花木。園藝科班出身的他，對各種植物的個性掌握得很深，有時還兼「樹醫生」。他教我如何不費力持剪修木、鋸木，如何觀察樹木的傷口癒合度、肥料的施放處與使用效益。大自然的有些道理，與培養人才有異曲同工之妙。

移植當日，我順便請教他院子裡的一株青楓該如何再拔高兩米，讓二樓的窗景有其身影。阿德說了一個道理：「密林養幹，疏林養冠。」種樹，如果希望種的是一批筆直高大的樹，就密植，因為密植，植物們沒有可以橫向生長的空間，唯有快速而筆直地長高，才能競爭到更多陽光。

這是樹的求生之道，也是種樹者的「養幹」之理。反之，若疏林栽植，空曠下長大的樹，沒有競爭陽光的迫切性，長得不高，但樹形各異、儀態萬千，也就是所謂的「養冠」。要什麼樣的樹？就以不同的栽植方式，自有不同的成果。

要怎麼收穫，就該怎麼栽。我院子裡的青楓，旁邊沒有其他樹，因此，只有養冠的條件，發展有個性的姿態。至於，原本希望能再長高，看來沒有養幹的條件。這堂樹木學，既是育才，亦是辨才學。

主人對於樹木的期待，一如領導人對於旗下人才的期盼與布局。想求奇才，就要給夠大的空間，任其發展。反之，一個重視紀律的公司，就不能放任空曠，野草叢生。話雖如此，**在不經意下，我們常會將鴨子送進老鷹學校，當這所訓練老鷹的學校誤收到鴨子學生，在組織內就會發生「鴨子受挫、老鷹受挫，自己更受挫」的三輸局面。**

原來是山茼蒿

她的葉柄帶紅，葉片成鋸齒狀，老了會開蒲公英般的花朵。我的花園小徑，經常見其蹤影，總也是拔草除根。直到前幾天，我到一位朋友的菜園逛逛，納悶他為何要小心呵護著野草。他說，那是山茼蒿啊！這才知道，我討厭的「野草」，竟是餐館子會點的菜餚。

山茼蒿又叫昭和草。相傳，日本皇太子在第二次世界大戰時，下令以飛機在台灣遍撒山茼蒿種籽，作為士兵野外作戰的食物補給，所以今天我們可以在台灣滿山遍野發現這野菜。因為在日本昭和年間傳播，所以得此別名。大部分的人都看過她，只是叫不出名字。

山茼蒿捻掉花蕊，只留葉片，就是野菜館子的蒜炒佳餚。我無法想像「她活著的樣貌」，更沒想到，就在自宅的花園裡，竟然有我喜愛卻被長期「屠殺」的野菜蹤影。唉，有些尷尬，真是有眼不識泰山。獲知山茼蒿就在咫尺後，不管雨勢不歇，我雀躍不已，戴頂草帽就到山徑間採摘山茼蒿。午餐，馬上變出一盤新鮮的有機野菜。

發現山茼蒿的過程，讓我重新檢視自己在職場周遭看待一個人的角度。**山茼蒿從來都是山茼蒿，她既是野草，也可以是野菜。她具備兩種身分，但是我們如何看待她，或者端視我們有無眼力辨識她的價值。**

人，長了眼睛，還未必識得了泰山。剛開放大陸人來台時，大陸媒體人很常組團到公司拜會，有一次，又要招待大陸出版業者組成的參訪團，我們循例晚上作東。誰坐主桌呢？從頭銜，我們實在看不出端倪，工作人員憑直覺安排。一坐定，一位大陸客人連忙把我們拉到旁邊悄聲說，那位穿花衣裳的女士其實是大姐大，你們排錯位子了，委屈她了。「哪位，像歐巴桑的那位嗎？」發現後，我們連忙請她移位主桌，但歐巴桑婉謝。我們因為有眼無珠，而錯識大腕。

山野間的山茼蒿、職場上的人才、商場上的大腕……我還碰到不少長了眼睛卻識不了泰山的事。

晨曦木瓜樹

「今天早上特地起個早，天色乍涼，就出門散步。眾人皆睡我獨醒的感覺真棒，只有山，只有鳥。太寧靜了，我的腳步聲都會驚嚇到鳥，從草叢中突然振翅飛離，那一瞬間，不知是鳥嚇人，還是人嚇鳥，抑或兩兩互嚇。早晨山上的空氣沁涼，太陽才剛剛露臉，樹啊山啊都像剛剛甦醒。我快步行走了一個小時，流了一些汗，舒服極了。回到家，孩子已坐在桌前用早餐，紅紅的臉蛋像蘋果、像日出。」這是某日早起的隨筆。

山居歲月，最棒的禮物就是晨起散步一小時。冬天寒雨逼人，冷啊，我就撐傘、穿雨衣。被窩再暖，頂多掙扎一分鐘就起身。夏天到了，太陽炙熱，就提早一個小時出門。

我享受在山上走路。因為心靜，觀察力也敏銳。譬如今日，看到一株三公尺高的木瓜樹，纍纍青果，突兀地長在小小畸零地。視角往下一探，木瓜樹的樹根是突破原植栽的花盆，深入土地始有今日的高大。什麼叫做破土而出？眼前的木瓜樹以其堅韌示範。我想像，她由一顆黑色種子，發成綠苗，到拔地而起。**她讓根部碩壯，最後如斧，爆破花盆，硬生生地開出一個破口。她同胎而出的種子們，不復存在，唯有她扭轉生命，找到出路。真是精彩，一個花盆，困不住一株想要茁壯的木瓜苗**。這景象，若非在無人的清晨，我縱然有所見，也未必有所悟。

運動完後，沖一個澡，大多數人還沒張開眼，我已好整以暇，準備上班。

因為開始晨起，也就特別留意有此習慣的人。不看則已，一看才知，原來我算晚起。蘋果公司執行長庫克（Tim Cook）與卸下迪士尼董事長艾格（Robert Iger）都是每天早上四點半就起床的人。庫克五點鐘到健身房運動。很會搞怪的維珍集團創辦人布蘭森（Richard Branson）也是早起一族，每天五點四十五起床，即使在他的私人小島也是一樣早起游泳。他通常不拉上窗簾，讓太陽叫醒他。

夜貓子們：一日之計在於晨，雖然一句老掉牙的話，但還真是說得好。歡迎投奔晨起陣營。

田螺含水過冬

賽珍珠（Pearl S. Buck）的名著小說《大地（*The Good Earth*）》，有一段描述旱地苦日子的文字：「春天就已預備結穗的稚嫩麥稈，得不到雨水，便中止了生長，站在那太陽下，到最後就黃萎，成為荒廢的禾稼了。王龍天天用竹扁擔挑著沉重的木桶，帶水到稻田裡，然而，雖然他的皮肉上出現了凹疤，雨水還是沒得落下來。王龍恨恨地說：『稻死了，大家都要餓死了。』」

壞消息不歇，難見曙光。唉，景氣寒冬怎麼會如此長？這是人們碰面最常聽到的對話。

在企業界，有移動能力的企業藉著國際布局，分散地區的景氣風險。在生物界，有腳有翅膀的生物會遷徙避冬。反之，沒有移動能力的企業，或沒有移動能力的生物怎麼辦？譬如田螺。你聽過這句有意思的台灣諺語「田螺含水過冬」嗎？我來說說田螺的故事。

我們吃田螺，也常見田螺棲息於有水的溝渠、鄉間水田，因為牠們吃水裡的浮游生物、青苔，依水維生。但，想過嗎？一旦環境丕變，牠們當如何？冬天乾旱少雨時，池塘水溝乾涸，沒有食物，飛不走的田螺是怎麼過？大自然萬物真是奧妙，田螺會利用體內有限的水分，躲在泥土裡，度過艱難的旱冬。

一般人只知道蛇會冬眠，其實，田螺也冬眠。冬眠的目的是保持體力、等待。一切，就在等待與布局春天。

越冬之後，水溫回升到十五度以上，田螺就會醒來，爬出泥穴，進入繁殖期。熬過冬天，不強出頭，是牠的生存之道。這時候的田螺可神氣了，苦盡甘來，子孫綿延。一隻田螺能生出一百到一百五十個寶寶，堪稱世界無敵的多產媽媽。

田螺的韌性，提供了這句極具智慧的台灣諺語「田螺含水過冬」。人們以此鼓勵，在困境中的人若能忍，必能等到時機。無獨有偶，以隱忍著稱的日本幕府大將軍德川家康有句類似意境的名言：「樹枯葉落，但是仍有很多樹木等待另一個春天的來臨。」

雖然春天盼了許久，還是要有耐心。大自然有四季，既有冬就會有春。同樣的，景氣循環也是，既有枯就會有榮。田螺就是懂得四季之理，才會含水過冬。想想看，田螺一隻低等的無脊椎動物都知道，在殘酷的大自然下該如何求生，多少人類有田螺的生存智慧？機會是留給熬得過的人。

辦公室沒有藍鵲嗎？

今早寫稿延誤了，都怪台灣藍鵲。清晨，正準備認真做事時，就被窗外嘈雜的鳥叫聲給打斷，急忙衝到後院，果然，近十隻台灣藍鵲飛來。我真給迷住，不知牠們在對話什麼，聲音拋來拋去，夾著像斑馬線的長尾藍色身軀在樹林裡飛梭、跳躍。我壓抑興奮，屏息聆聽。我必須安靜，讓耳朵豎起、眼睛放亮。我悄悄潛入一幕美麗的電影，牠們總是成群於林間，所以，當你看到一隻，必然跟隨一群。牠們是台灣特有種，連雅堂在《台灣通史》亦記載牠的美，棲息於低海拔山間，也就是我居住的山間，以前我不熟識牠的叫聲，以至於很少看到。這是聆聽後的豐收。

工作上的我、會議上的我，很少能像此刻靜靜地聆聽。為何工作上的我很少聆聽？因為，辦公室沒有足以吸引我靜默的藍鵲？還是，我專注於「說」，無意間讓舌頭關閉了耳朵，錯過「辦公室的藍鵲」？

有句話說得很有意思：**「你的舌頭，會讓你變成聾子。」**我們理解聆聽的重要，但知易行難。當我理解到自己的「聆聽」不足時，我開始有意識地觀察會議中的「我」與「他人」。特別當意見與他人不同時，會議中的我，是以怎樣的心態處理？爭論，還是對話？很明顯，我是驕傲的辯論者，總認為自己是對的，經常以壓倒反對者意見為目的。雖然是無意識，但這樣的領導風格，勢必影響組織內對話的暢通性。

作家柏曼（Shelley Berman）對於「對話」與「爭論」有精闢看法：**「對話是聆聽另一方說法，以求理解，發現意義與找到協議；爭論是聆聽另一方說法，以便找到缺點和反對其立論。」**

「對話是開放一種比原來解決方法更好的可能性；爭論是防衛自己的立場，視為最好的解決方法，排斥其他方法。」

「對話是合作性：雙方一起努力邁向共同理解；爭論是對立：彼此對立，企圖證明對方是錯誤。」

有耳朵的人都能聽，當理解到聆聽的重要時，如何使自己成為「擁有傾聽能力」的主管，而非「耳根子軟」的主管。

學「聽」，包括三種學習：一、該聽誰？二、該聽多少？三、何時該聽？這「三該」，又以第一個「該」（該聽誰）最難學。能否集眾人智慧，也在於領導人是否具備「什麼事，該聽誰的話」的能力。

有些領導人行事民主，傾聽民意，徵詢了大半天後，用投票做決定，在我看來這是荒唐。這代表領導人無法勇於任事，也意味著專業度不足，因此沒辦法篩出誰的意見才是珍珠，就以民意為擋箭牌。如果你是這樣的主管，你確實處於無法篩出珍珠意見的窘境，我還是建議，廣納民意後要強迫自己做決定。任何人都是透過練習、檢討，成為越來越成熟的主管。沒有捷徑，也不該逃避。

領導者每天都面臨做出好決策的壓力，與不具備知識全知的限制，這樣的無奈隨著管理幅度的擴大，越益突顯。解決之道，就是用人與「聽．話」。

十姊妹與胡錦鳥

我是被這句問話打動的，你知道：「有哪一種鳥是幫別人養小孩？」

「十姊妹」是一種鳥，體型如麻雀，因為喜歡群居，像十幾隻姊妹住在一起而得名。她長相平凡，沒有高經濟價值，但很會養雛鳥，很有母愛。這樣的天性經常被人類利用，下蛋後，她的蛋就被掉包成高經濟價值鳥的蛋，譬如「胡錦」。「胡錦」又叫做彩虹鳥，是羽色最燦爛的雀鳥，很討人喜愛。胡錦與十姊妹的身價有天壤之別，商人喜歡繁殖胡錦。然而「胡錦」雖漂亮，卻是不負責的媽媽，下了蛋，不孵育。於是，商人就以「十姊妹」為代母。殘酷地說，有些「十姊妹」的一生就是在失去自己孩子與不斷養育別人小孩中度過。

現在，你知道「哪一種鳥是幫別人養小孩」的答案。

「十姊妹」的故事觸動我想起許伯伯的一生。打從我懂事後就沒見過早逝的許媽媽，只知道她留下三名與前夫生的孩子給許伯伯。一個大男人把四個孩子帶大，一個親生與三個沒血緣關係、喊他「叔叔」的繼子女。當年飄洋過海來台，兵馬倥傯，一段似能讓他安頓下來的婚姻卻短暫。妻子辭世後，許伯伯沒再婚，因為孩子不同意。然而，他就像我們在眷村裡會碰到的伯伯，看似平凡，但堅忍、內斂。

我始終沒機會問他，怎能付出這麼大能量的愛？因為他的愛，讓三個先失去父親，又失去母親的孩子，沒有在孤兒院長大。他應該多為自己打算的。我很想問，但我知道得不出答案。感謝老天，在這世上雖創造美麗的「胡錦」，亦給世人溫暖的「十姊妹」。「十姊妹」說不出含辛茹苦的理由，牠就是愛。

無翼鳥的滅絕

在紐西蘭有戒嚴，戒嚴的對象不是人，而是貓。你沒看錯，我也沒寫錯，是貓。在紐西蘭的某些地區，晚上時分，家貓不能外出，因為擔心牠們傷了夜行的奇異鳥（Kiwi）。簡言之，奇異鳥是受保護的國鳥。紐西蘭人與奇異鳥的淵源很深，他們不但自稱是Kiwi，還將外觀顏色如奇異鳥的水果命名為奇異果。更發起「Kiwis for Kiwi」，保護奇異鳥。然而，奇異鳥為何這麼柔弱，需要政府特別立法保護？

話說古老的紐西蘭，因為被大洋隔絕，幾千萬年下來，隔絕了其他陸地肉食性動物，這裡沒有走獸與蛇，地上的食物很豐富，成為鳥類的快樂天堂。既然不用飛就有東西吃，奇異鳥的翅膀就逐漸退化到幾近於無，變成無翼鳥。牠是懶惰的鳥，一天可以睡二十個小時，幸福地在天堂裡。不只奇異鳥，以前紐西蘭有很多種類的無翼鳥，因此被譽為「無翼鳥的故鄉」。不過，幸福的日子總會有終點。

近幾百年，隨著人類與外來肉食種的移入，天敵出現了，徹底改變紐西蘭的生態平衡。無翼鳥逐漸絕跡，包括世界上最高的鳥——恐鳥。儘管這種鳥巨大，高可達三公尺、重量超過兩百公斤，但，命還是保不住，現在只剩博物館的標本，供人瞻仰。這波滅絕浪潮下，奇異鳥是極少倖存的無翼鳥。今天若非靠政府與保育團體大力保護，存活也成問題。

你以為不會飛的鳥只發生在紐西蘭，錯了，台北也有。通常，台灣人很難接近野生鳥類，一靠近，牠們便振翅飛走。但在大安森林公園則不然，你若跑步經過，別擋鴿子的路，基本上牠們不太理會你。第一次我經過時，發現鴿子們像老爺子似慢慢踱步，有些詫異。繞一圈回來，牠們還是如此，可讓我開了眼界。說句玩笑話，如果你想抓鴿子，這裡似乎是捷徑。哪裡是天堂？大安森林公園似乎是鴿子的天堂。

這裡是腳步快速的台北，都市野鳥為何不怕人？這有三個假設：一、大安森林公園的人很友善，不抓鳥；二、這裡的鳥，比較天真，認為世界沒有敵人；三、最慘的是，久沒飛，已經飛不動了。我猜想，很多年前，這裡的鴿子也是警覺地與人保持距離。然而，久而久之，振翅飛走的效果不大，便安逸了。世代交接，世襲住在這裡的鴿子們就與人和平相處，不再有危機意識。

這群踱方步的鴿子們勾起我滿腦子的好奇。如果，哪一位捕鴿人闖入大安森林公園，發現這裡有成群「天真無邪」的鴿子，而將之一網打盡。新來的鴿子們會學會什麼？

上述的情境，你是否在企業環境中，也有熟悉感。老組織，順遂久了，沒有了開國元老的拓荒精神，承繼者逐漸將順遂視為正常而不自知。不知不覺中，變成大安森林公園的鴿子或紐西蘭的無翼鳥，直到獵人進入、被滅亡。**這亦是企業成功後的常見宿命，其表徵是：一、不自知離消費者遠了；二、不自知產品或服務創新力道不足；三、不自知企業資源有限，人事與費用膨脹。關鍵在三個字「不自知」**。於是，危機伺機進入。大安森林公園的鴿子起初因為許久沒有敵人而鈍化，再後來是根本飛不動。就算覺察出「有危機」，也無力應付。

天堂在哪？這世界，豈會無危機？別太天真。

人類社會是大自然的縮影。大自然界各種動、植物的求生態度，或活下來的，或消失的，反覆說著相仿的故事。沒有人喜歡天敵，沒有人喜歡環境丕變，但這就是現實。無視天敵者，終究會結束於自己的天真與安逸中，許多的企業興衰，說的也是同樣的道理。如果，你的企業或個人職涯正處於難關，我能理解你的沮喪，此時此刻，沒有人能好過。但相較於無翼鳥的困頓，無論如何，你還沒退化，你還有一雙翅膀，能振翅改變現況的翅膀。世界很寬闊，告訴自己、證明自己：「我是一隻有飛翔能力的鳥。」

議旅途

我喜歡去原始世界，

有一次飛到尚比亞，陪「陸地上身長最高的動物」吃早餐。

「四公尺高的大個子怎麼睡覺？長頸鹿的睡眠時間有多長？」

黑人嚮導：「只睡三分鐘。」

古圳重現天日！一條在台北消失的河

—台北—

有一張台北東區古地圖，讓人一驚，當時的台北簡直就是水都。現在，台北東區的SOGO忠孝館、敦化館、明曜百貨的位置，在十八世紀都還是湖水。滄海桑田，水都台北後來逐漸淤積，湖水陸化。很難想像當年，河與湖交錯的景觀。湖區主要在台北東區，今天台北仁愛路上的富邦大樓附近，就是曾經存在於台北東區這座大湖的中心。

清朝，在艋舺經商致富的林式霽家族（當時被稱為「陂心林家」，清朝的台北四大家族之一），在這個被湖水環繞的「浮水蓮花穴」建了一座三合院大宅，與林安泰古厝齊名。林家當年建造宅院時，從大陸訂購的建材可上溯河水，直接在大湖卸建材。

低調的林式霽家族今天搖身一變為忠孝東路四段的大地主，成台北東區神祕地王。福建泉州人林式霽，二十多歲時渡海來台，在萬華「頂下郊拚」械鬥事件後，將重心撤離萬華，移往當時的市郊，即今天的台北東區。隨著城市發展重心的移轉，萬華沒落了，昔日郊區農地變為地產蛋黃區。

真是滄海桑田。除了湖水，在台北城市底下還有一條傳奇性的河，它是在近三百年前，被一位叫郭錫瑠的農夫開鑿。我曾有一趟小旅行，探索這條消失於台北市的瑠公圳。我說不出來，為何對這河圳莫名的著迷，或因它隱入地面後的神祕與悵然，或因它曾經灌溉台北平原促成台北的繁華。

瑠公圳今何在？現在幾乎已無蹤跡，被覆蓋或填平。因此，台北的部分車道下正是昔日河道，河在下面流，車在上面走。譬如，位於六張犁的台北和平東路三段二二八巷。這麼寬闊的四線道馬路，怎會被稱為巷子？只因為，要完全覆蓋當時瑠公圳的河寬。

時間久遠，現在的台北人大都不知道在底下有一條灌溉用渠道，遺忘近三百年前，台灣一位非常有膽識與遠見的人，郭錫瑠。

話說一七三六年，郭錫瑠從南部轉到台北開墾。當時的農田，多仰賴埤塘儲水灌溉，但由於汙泥的淤積，大片土地，因缺水而無法種植。郭錫瑠依據在南部的經驗，認為唯有開鑿水圳才能解決問題，決心尋找水源。

雖然台北盆地內河流水源充沛，可是水面與地面間有不小落差而無法直接取用。他發現新店溪上游的青潭溪附近是河水匯集地方，適合築堤建埤，沿新店溪畔開鑿水圳，可以解決台北盆地的灌溉。於是，這位拓荒者變賣家產開鑿水圳，打算引水十數公里至自己的墾地。郭錫瑠由農夫變成水利工程師，面臨挑戰，工程最大困難為必須以人力鑿穿高山陡壁、橫越河流溪谷，還有入侵泰雅族活動區而常遭強烈攻擊。施工時間比預期還要久。

歷時二十二年，瑠公圳終於完工通水，發展出二十六條大小水圳，後人感恩郭錫瑠父子，稱之「瑠公圳」。惋惜的是，水圳傳至第三代與第四代時，郭家財力無法維護水圳，水權只好賣給板橋林家後代。郭錫瑠半生心血的水圳，在通水後的半世紀全被他人掌控。

一九四〇年代起，隨著台北農田大量改為建地，不再需要用水灌溉，大部分圳道或者加蓋上覆為道路，或被填平為建地。如今僅在新店留下部分渠道，微弱地喘息著。

「北，瑠公圳；南，嘉南大圳。」二者都是奠基台灣稻田的重要工程。專欄作家馮忠鵬認為，不同的是，瑠公圳用原始的方法建築渠道，生產的稻米供給北部漢人所需；後者使用先進的工法，增加的稻米收成供給糧食緊缺的日本。

因農業而起的水圳，也因農業沒落而消失。當瑠公圳在台北日益模糊之際，近年有人倡議比照韓國復原埋沒地底四十七年的清溪川，也讓瑠公圳從台北盆地的地底下重見陽光。台北市政府確實小規模推動，但阻力不小。

台北的面貌不該只是有商業。讓被壓在馬路下的古圳重現天日，還路予河，這本就是一座與河共生的城市。

春天退潮，藻田祕境

—基隆—

海島台灣，有一些獨家景觀。譬如，春天退潮才現的「藻田祕境」。

有陽光的日子，偷閒一日，四姊妹一起回到童年的海邊。趁多數人還在都市的水泥森林埋首，我們到海邊拜訪春天。春天來了，在山邊，在海角，大地以不同方式甦醒。小時候，我們住在新北市的深澳漁港，但跨縣到「繁榮」的基隆八斗子讀書。家與學校的路，一邊是偶有黑山羊出沒、倚山的老鐵道與煤礦區；另一側是藍藍的海洋、遠遠的漁舟。這是我們生命的緣起，很質樸的開始。

綿延藻礁與珊瑚混生地群聚北台灣海岸，有多樣的海洋生態，但長年海禁政策讓我們在最近的距離仍很疏遠，長大後，才慢慢明瞭我住在台灣最美的海蝕平台。

每年春天，退潮時，八斗子海邊的豆腐岩會露出大片覆蓋的綠藻，非常壯觀，夕陽淺淺地露臉，讓藻田的水綠更美。美麗中有一種奇特的錯亂，綠色屬於山，屬於田埂，這裡既不是大草原，也不是春天的稻田。怎麼回事？我恍然大悟，美麗的神祕，原來是海洋的浩瀚與我的膚淺，從來，海就不只湛藍，還藏著無盡水綠。

春天的藻田，就像北極的極光，這是季節與地區限定版，不時時能見。北台灣的礁岩，適合海藻附著生長，但經不起夏陽酷曬。夏天消失後，孢子存於石縫，隔年春天再次覆蓋海底礁岩。

因此，別說夏秋冬季看不到。沒退潮時的春天，也看不到。假日人太多，藻田嘈雜，也感受不到獨特。我總說，旅行要「在對的時間，去對的地方」。只有當海水退到最低潮位時，海蝕平台下的綠色世界才會絕美地盡現眼前，各種蕨藻、石花菜，還有來不及撤走的小魚群、螃蟹，一窪一窪的。

礁岩的石花菜也是藻類，在春夏大量生長。一叢叢紅色水草或在退潮後被海水遺留在岸邊。或見漁人、海女彎腰潮池、海溝、海蝕平台上採摘。採摘後曬石花菜，彷彿鋪上紫紅的地毯，形成北部漁村的夏日景象。靠山的人吃愛玉、靠海的人就吃石花凍。夏天，家家戶戶的媽媽們都會熬煮一大鍋石花凍，石花菜裝在鍋中加水滾沸，漸成膠黏。這是舊時代海邊孩子的「星巴克咖啡」，但我不愛那海腥味。現在，都市人時髦地為它取了漂亮的暱稱「海燕窩」、「台灣寒天」，我依然無動於衷。

這天，四姊妹回到童真，自以為是林志玲，放肆與瘋癲地拍照。在礁岩間上上下下爬行。海風吹來再熟悉不過的腥味，我們就是在這樣的呼吸間長大。雖然爸媽已辭世，雖然手足個性與際遇不同，但就是親人。這些年，不管任何人發生什麼事，我們知道還有彼此，都在第一時間放下手邊的事全力支持。年輕時，迎接彼此的新生命，一起教養與教訓八個「我們的」孩子；中年時，共同經歷至親的死亡，即便只是默默陪伴著。沒有一份關係是理所當然，唯有在意彼此。在金錢面前，我們不計算；在成就面前，我們以彼此為榮。我們是被大海養大的孩子，海洋教我們要豁達。住在少有陽光的陰雨城鎮、門前就是惡狠的海浪，漸漸地了解，人哪有何好爭？

小時候其實不懂……

小時候我們有吵不完的架，很妙，長大後竟有聊不完的話，即便只是討論廚房瑣事。千金難買手足情，這是爸爸給我們最大的遺產，我不羨慕別人的萬貫家產，因為我也富有。

春天在海岸藻田，我很幸福。

錯過山毛櫸

—宜蘭—

偶然間獲悉，台灣最大的高山湖泊翠峰湖鄰近處有一片山毛櫸林。每年秋季滿山金黃，但只有兩週。絢爛並不易見，原因一，這段時間多雨；原因二，台灣山間午後多霧。時令短，多雨多霧，加上路途遠，使得翠峰湖山毛櫸林如深山美女。沒有運氣、沒有體力、沒有浪漫，是看不到的。

山毛櫸是冰河時期孑遺植物。想想看，冰河消退後一萬年，這植物還在地球上，簡直就是活化石。也因此，其天性上喜歡冷，在亞熱帶少見，台灣山區是全球山毛櫸分布的最南端。這個不凡的樹種，在台灣還有一段不凡的身世。日據時代的文獻就記載翠峰湖附近有一大片山毛櫸，怪哉，後人始終找不到。幾乎一百年後，林務局與研究人員深入調查，終於尋獲這片一千一百公頃、全台灣最大的山毛櫸林。原來文獻記載的位置有出入，他們後來完成一本著作《冰河孑遺的夏綠林：台灣水青岡》。

這麼有魅力的森林，我怎麼可能放過？趁著秋意，我驅車到宜蘭太平山，因為錯過路途，抵登山步道口已下午三點多。我加快腳程，就是要看滿山金黃。終於在天黑前趕至，然而，矗立在眼前的山毛櫸只剩下枯枝。迢迢而來，只見滿山雲霧與蕭條枝葉，失望至極。垂頭喪氣回到太平山莊用餐。看到牆上有一幅山毛櫸的秋景攝影，我頑皮又起，翻拍這張照片傳給台北友人，戲稱這是今日所見。台北有人紛紛掌聲回應。詭計得逞，我繼傳一張霧中枯樹實景招認：啥都沒有，錯過秋天。

沒想到，朋友們對雪白山毛櫸更讚嘆：「像極了潑墨畫。」我定神一看，是啊，我進入一個畫境，雲霧深處，巨木輪廓隱約被勾勒出。去除色彩，更顯姿態。但那當下我為何沒發現？

原來，**執著是多麼僵固一個人，我的執著讓自己不但錯過秋景，也錯過冬景、沿路的高山雲海，錯過更勝的風景。**

回頭，我思索：生命、職場上，我是否也因此錯過許多風景？我思索，遇見不

在預期內的人或事，我的心態是說「不」，還是先接受看看？

這讓我想起一則斷指國王的寓言故事。從前，有個國王什麼都好，但是，有一根小指頭斷了。他對此很看不透，與宰相談到自己的不快樂。沒想到，宰相如此勸國王：「一切都是最好的安排！」國王大怒：「斷指，是最好的安排？」便將宰相打入地牢。

之後，國王與隨從出去打獵。不幸在森林中遇劫，被野人抓去，準備獻祭給天神。正當要獻祭，千鈞一髮之際，野人發現國王少了小指頭，是有瑕疵的祭品，於是釋放國王。死裡逃生的國王，感謝斷指的遭遇，終於明瞭一切都是最好的安排。回宮後立刻釋放宰相，並致歉：「你平白被我關了一個月。」宰相的回答還是那句話：「一切都是最好的安排。」國王不解，宰相又說：「如果我沒被打入地牢而是隨你去打獵，當野人不獻祭你，被推上去的人豈不是我。所以，一切都是最好的安排！」

是的，一切都是最好的安排。

我們無法改變已然之事，但我們能改變自己，接受「已然」，活在當下。

被《華爾街日報》選為「全球最受矚目的五十位女性」的日本作家勝間和代

（Kazuyo Katsuma）提出「偶然力（serendipity）」觀念。這在美、日職場曾引發討論，甚至有美國企管顧問公司開辦「偶然力大學」。何謂「偶然力」？懊惱改變不了任何事，要讓生命中的「偶然」變成理所當然。簡而言之，就是把「偶然變成好運」的智慧。

飯包哲學
—台東—

這天傍晚，我與農訓協會的一行人來到台東「池上飯包文化故事館」。故事館外是一段鐵軌，佇立著舊火車廂改裝而成的車廂餐廳，彷彿回到舊日時光。這裡的遊客應不多，拾級而上幾乎沒有照明的二樓，靠著窗外的暮色，我們吃力地走在樓上說明飯包歷史的陳列室。轉身離去前，在樓梯間的轉角處，有兩行平凡而動容的字：**「飯包，是做給出外人吃的，一定要用心做！」這是老阿嬤陳雲六十年前講的話，她是池上飯包的創始人，做了一甲子的便當，就是這麼想事情。**

那是一個還沒有便當概念的年代。同樣在東部，從台東搭火車到花蓮都要七小時，遠行的火車乘客必須自備糧食，阿嬤的夫家於是以粽葉、飯糰的形式開始在月台販售飯包。後來，改良為現在所見的竹片型態的便當盒。阿嬤的飯包好吃又實惠，生意越做越大，他們成為台東池上的富商。不管銀行存摺上的數字變多大，她做飯包的初衷沒變。

她用心地想著做好每一個飯包，讓出外人飽食。念茲在茲如何把事情做好，米要怎麼煮、菜要如何選購與製作，而不是把想賺多少錢擺第一。她的財富公式是：做好每一個飯包，等於信賴與口碑，等於財富。

她不偷工減料，香腸、醬瓜、卜肉該怎麼做好吃，數十年如一日，配方與訣竅，現在都陳列在博物館的櫥窗內。現在看來，可能不見得有什麼了不得。然而，一顆誠懇的心，溫暖許多出外人，讓池上飯包揚名台灣。

我問當地人，阿嬤一定很開心有這麼一天。沒想到，當地人搖搖頭：「她怎麼會高興？池上飯包幾年前已經賣掉了，現在已經不是他們家的。兒子到大陸種稻子失利，台灣的事業也賠上。」不只如此，經營的飯館、不動產都沒了。家族事業傳給子嗣後，未能一本初衷。

這次在台東也碰到一位茶莊老闆連婀娜，她跟陳阿嬤一樣心思簡單。她總說：「我對茶好，茶知道。」她種茶，不用殺蟲劑。她認為，自己最幸福的時候，就是烘焙茶葉。她全神專注於每一道程序，心中沒有其他。因為專注，她的茶在台灣有一席之位。這家茶莊也就是台灣紅烏龍的發源地。

兩位不同年代的女老闆，說著成就事情的同樣道理。她們，應該都沒讀過MBA吧，就是落實初衷，數十年如一日。譬如陳雲阿嬤，縱然飯包事業賣給別人了，她還是以顧問身分拄著拐杖，盯著廚房，守著她做飯包的一本初衷。

沃土種出膚淺的葡萄樹

——波爾多——

挺可悲的，大多數的葡萄酒，最佳狀況是剛裝瓶的前幾年，然後每下愈況。只有極少數的葡萄酒能越放越醇，上市後的十年，可漲十倍，甚至百倍。

究竟，出色的葡萄酒是如何誕生？

四月，出差到法國重要的葡萄酒產區波爾多（Bordeaux）時，拜訪位於最古老的產區聖愛美濃（Saint-Émilion）酒莊。走在一望無際的葡萄園、被刻意壓低的一株株矮葡萄藤間，春芽剛剛從老枝頭蹦出。眼前所見，不到一個人高的葡萄樹，往地底下可以探深到二十公尺。

一位紅酒專家說：「一塊肥沃的土壤，只能種出膚淺的葡萄樹。」站在全世界最頂級的葡萄酒產區，我難以想像，我腳下龐大的地底世界是如何構建，每株老藤為何要下探扎根二十公尺？原來，為了尋找水，為了活下來，它們必須過三關斬六將，先穿過沒有水的沙壤，再穿過堅硬的岩層，最後到含水與鐵渣的藍黏土區。

好的葡萄酒產區都有類似貧瘠地形，例如法國勃根地（Bourgogne）有名的蒙哈榭酒莊（Montrachet），新年份的酒一瓶有時約新台幣十萬元。它的葡萄園所在的山頭，古法文的意思是光禿禿的山，其生長環境之惡劣可見一斑。詭譎的是，能在這樣的環境生存下來的葡萄樹，其果實是上等釀酒原料。果實不多，但口感很有層次，香氣濃郁。

肥沃不是一株葡萄樹的資產，在富饒之地生長的葡萄樹，因為不需要奮力求水，粒粒飽滿多汁，果實的水分過多而糖分濃度不足。這樣的葡萄釀酒，好像加了水，香味與口感遜色許多，進入酒市，下場可以想見。

同樣是葡萄酒，有的一瓶一百萬元，也有一瓶一百元。成長不同，最後的結果天壤之別。喝一杯葡萄酒，入口的瞬間，有多層次的口感，更是一株葡萄樹不向環境妥協的生命力。

葡萄樹的故事，你不覺得挺勵志？它與人類社會的哲學相近：「寒門生貴子，白屋出公卿」，貧寒的家庭養成一個人的堅毅性格，這是千金難求的寶貴資產，亦是「窮養」教育理念的體現。

如果，海豚真的游回威尼斯

——威尼斯——

「威尼斯，令人讚嘆又不可置信的美，一半是童話故事，一半是遊客陷阱……人們來，想親眼證實這是真正存在的城市，不只存在於書、詩或電影裡。在瀰漫咖啡香的空氣，我呼吸著。我知道，離開後，我將是一個不同的人。」——諾貝爾文學獎得主保羅．湯瑪斯．曼（Paul Thomas Mann）。

「千年水都」威尼斯，因為義大利疫情再度成為焦點。先是三大世界嘉年華之一的威尼斯嘉年華被迫提前中止。應邀而來的表演團體不願散去，穿梭在威尼斯街頭，戴起鳥嘴面具扮中世紀「瘟疫醫生」、乞丐、神父、死神，黑色幽默地重演「瘟疫大遊行」。

一張張面具如常華麗，但威尼斯已不同。

威尼斯封城了。疫情不斷攀高中，有網民傳出意外好消息，威尼斯運河的船隻大減，水質顯著改善，驚嘆「我是第一次見到威尼斯運河的流水是清澈的，魚兒清晰可見，天鵝也回來」；有人更聲稱拍到海豚，指「這是六十年來首次有海豚出沒」，海豚照片在全世界瘋傳。

後來《國家地理》編輯查證照片來源，表示這批照片的拍攝地不在威尼斯，是假的，有意思的是，很多民眾獲悉真相後，竟向揭露事實的《國家地理》編輯 Natasha Daly 表示，失望。「因為（原來的）故事給了他們希望。」

許許多多的失望者，包括我。第一時間，當看到「海豚回來了」的消息，我就興奮地在我的 FB 分享，在一面倒的疫情消息中，「人們居家隔離，意外地讓大自然取回屬於他們的東西。」原來，我們心中都有一個悄悄的期盼，人，稍微讓一讓，就能與野生動物共存，這是多美好的世界。繼之一想，也天真了，人類在地球獨尊數千年，豈是讓幾日就能改變。

再想，我為何對威尼斯有所期盼？

走過很多地方，我對小村小鎮的興趣遠高於大城市，但大城威尼斯是例外。

我喜歡威尼斯，她太獨特了。詩人布朗寧說：「再沒有與它相似或相同的城市，世界上沒有第二個威尼斯。」這話說得太好，從由一一八個島、四百座橋組成的水都景觀、音樂與藝術的文化底蘊、千年歷史淵源的威尼斯共和國，無一不獨特。坐上水上計程車至飯店，從河道 check-in 入住，這種經驗對「陸地人」是絕對的新奇。

全世界本來是有一些「水都」，但逐漸因為便利問題而陸地化，唯有義大利仍讓威尼斯保有她舊時風貌，這是不容易的堅持。這意味著，他們願意犧牲速度，犧牲效率，換取傳統，換取緩慢。

威尼斯幾乎沒有汽車，處處要依賴船，否則就靠腳走。以前的人就是如此。依船而運作的生活是如何？有一天清晨，在觀光客還沒甦醒時，我漫步在威尼斯的巷弄與石橋，意外地跟著城市甦醒。運河上有零星船隻，但不是載遊客，而是載滿一簍簍蔬果，紅紅綠綠，泊在離聖馬可廣場不遠處的商鋪卸貨。這是威尼斯商人開店前的日常生活。

莎士比亞筆下的「威尼斯商人」與二十一世紀的威尼斯商人有何不同？應該沒有割一磅人肉的惡狠。肯定仍然慵懶，中午時刻一到，店門關上，義大利人放下工作，生活就是要休息。

她的獨特與緩慢，也在此。

但也因為獨特，吸引全世界訪客，因此擁擠、嘈雜。整座城市，基本上已讓給觀光客，不是一座宜人居的城市。

威尼斯的獨特，被觀光客霸占，反映在運河上熙來攘往的貢多拉搖船、幾乎沒有喘息的運河。無怪乎，會有這樣的假新聞，人們躲在家中後，魚兒、天鵝、海豚回來了。

或許需要一些時間，但新型冠狀病毒終究會遠去，疫情離去後，留下什麼給威尼斯、給二十一世紀的人們？

如果，人們願意讓一點空間給大自然。有一天，假新聞成真，天鵝與海豚真的回到威尼斯運河，那將會是「水都」最美的風景。

我會在作家亦舒的文字中，畫蛇添足一句：「威尼斯有種沒落貴族金碧輝煌皆在褪色中的憔悴，將明將滅的靈魂，不時被海豚喚起活力，十分動人。」

貪睡的長頸鹿

—尚比亞—

我喜歡去非洲，特別是接近原始世界的地區，每每有誤入電影《侏羅紀公園》（*Jurassic Park*）的錯覺。有一次，還飛到尚比亞旅行。

天色微涼的清晨，我爬到比人高的吉普車上，往叢林去。前方的一處樹叢有窸窣聲，哇，是一個長頸鹿家族在吃「早餐」。我們慢慢靠近，熄掉車上引擎。這是奇妙的經驗，我正在陪「陸地上身長最高的動物」吃早餐。我突發奇想問嚮導：「四公尺高的大個子，怎麼睡覺？長頸鹿的睡眠時間有多長？」

「只睡三分鐘！」這位幹練的黑人嚮導說，長頸鹿的每次睡眠時間非常短，而且是站著睡覺。我以為聽錯，不可置信地再問一次，嚮導解釋：**「哪一隻白目的長頸鹿膽敢深睡，就準備長眠吧。（If he sleep deeply, then he will sleep forever.）」**

在物競天擇的萬年演化，在獅子、豹子環伺的非洲叢林裡，敢大搖大擺睡覺的長頸鹿已成獅子的腹中物。

長頸鹿的睡眠時間是所有哺乳動物中最短的，一天睡眠總時間低於兩小時，進入深度睡眠狀態只有幾分鐘。牠們通常站著打瞌睡，長長的脖子往下垂或掛在樹梢，就是最奢侈的休息。因為從睡夢階段醒來、在地上站起來，長頸鹿要花一分鐘，這很危險，嚴重地減低牠的逃生能力。所以，當長頸鹿真的想趴著睡時，牠有三條腿彎曲在肚子下，但留一條後腿伸展在一邊，長脖子呈弓型彎向後腿。這種奇特的睡姿既能縮小目標，又可以在緊急情況下一躍而起。不只如此，長頸鹿還能睜著眼睛睡覺。

要在非洲活下來，目前數量超過十萬隻的長頸鹿，已練就了多項本事。

相較之下，獅子每天能睡十五至二十個小時，三分之二的時間都在睡覺，沒人能拿牠如何。這就是叢林法則。如果你無法成為叢林之王，就要是永不鬆懈的長頸鹿。很嚴酷，你只有三分鐘睡眠，完全沒有貪睡的權利，貪睡的下場，就是出局。在大自然，不只長頸鹿，草食性動物的平均睡眠時間都比肉食性動物短。

職場與商場上，不也是如此。生命原本就是一個選擇，當獅子未必好，當長頸

鹿未必差，只要一切恰如其分。想擁有權力、想主導棋局的獅子，能力就要相當，也要願意承擔。人生最可怕的是錯置。所謂錯置，就是搞不清楚自己是誰或想成為什麼樣的人，沒有獅子的能力、地位，卻想過獅子的生活。

獅子有獅子的得失，何必羨慕牠一天可睡十五小時？有人想當叢林之王，碰到獵物（問題）卻搞不定。相對的，我也看過很多平凡但可愛的小人物，認分與踏實，當一隻長頸鹿就像長頸鹿。

美國洛杉磯大學的科學家研究發現，飲食和環境決定哺乳動物的睡眠需求量。

我因此好奇，後天環境如果變遷，行為能有多大改變？從非洲回來後，這問題一直在我腦海中縈繞。我好奇，台北木柵動物園的長頸鹿，不再有獅子時時獵殺，牠們的睡眠還會只有三分鐘嗎？牠們還是維持站立睡覺的「祖訓」嗎？環境改變確實產生影響，雖然仍是只睡幾分鐘。不過，有時候會趴下來睡。

螞蟻高，還是長頸鹿高？

——克羅埃西亞——

有一天深夜，我的腦子裡，忽然蹦出這個問號，跳下床寫下這段文字：「螞蟻高，還是長頸鹿高？」

螞蟻只有〇．一公分高，但是，給牠一座梯子，牠可以爬得比長頸鹿還高。那座梯子，叫做夢想。

「天空有多高？」天空可以很低，也可以很高。丈量天空高度的那把尺，是一個人的夢想、企圖心與執行力。

夢想，是非常神奇的魔術師。它能變成一座梯子，讓小螞蟻比長頸鹿還高，它還可以變成一對翅膀，讓勇於夢想的人展翅天空，化不可能為可能。這樣的故事持續地在不同角落發生，從以前到現在。

有一次，我在歐洲克羅埃西亞的小鎮，循聲發現一支街頭樂團在城牆邊露天演出。一位蓄著大鬍鬚的男士搭起一個小桌面，放上二十五個「魔瓶」，其實是可樂瓶、伏特加酒等胖瘦不一的瓶子，這些瓶子就像鋼琴的鍵盤，男人手持棒子，舞動全身敲擊瓶身。遊客來來往往，但他渾然忘我，全神貫注在音樂表演，與數百年前的作曲家合為一體。此刻，他是國王，這些音符與瓶子彷彿是他的子民，天籟之音從他的肢體中流瀉，我為之傾倒！那天，我沒再去其他地方，就是靜靜地拾階而坐，聽一場世界級的演出。不需要價值一百萬美元的鋼琴、不需要在紐約卡內基音樂廳（Carnegie Hall）來抬高身價，只需要二十五個瓶子與熱情展現。他是一流的音樂家，我相信，這位街頭藝人、這個樂團非池中之物。一如，螞蟻不需要有長頸鹿的身高，也能比牠高。夢想與熱情，就是有無中生有的魔力。

逐夢過程，重要的是相信。一如〈I Believe I Can Fly（我相信我能展翅高飛）〉的歌詞：「生命中有我必須完成的奇蹟，但首先我得從心裡開始做起。我該相信它嗎？只要我明白，我就做得到，什麼都不成問題。」

If I can see it, then I can do it.
If I just believe it, there's nothing to it.
I believe I can fly.
I believe I can touch the sky.
I think about it every night and day.
Spread my wings and fly away.
I believe I can soar.
I see me running through that open door.
I believe I can fly.
See I was on the verge of breaking down.
Sometimes silence can seem so loud.
There are miracles in life I must achieve.
But first I know it starts inside of me.

「螞蟻高，還是長頸鹿高？」夢想，如果缺少堅持，什麼都不會發生，螞蟻到頭來還是只有〇．一公分高。

另一種革命家

——馬拉威——

我所走過的貧窮地區，印度與馬拉威，是讓人難忘的。難忘的是，在貧窮土地上孕育出兩位情操偉大的企業家。

印度每天有三分之一的人活在收入不及一美元下，也因此，即便走在「印度矽谷」邦加羅爾（Bengalore），隨處可見吃垃圾的流浪牛、矮舊小屋。二〇〇七年，我首度到印度訪問，有一些震撼，至今難忘。「那是馬？」定神一看，搞錯了，打從我出生還沒看過這麼瘦的牛，所以誤當那是馬，這就是典型的印度街頭。

你可以想像，在一片撒哈拉沙漠看到巨大的迪士尼樂園嗎？這正是我從印度街頭走入印度第一家在美國上市的公司——Infosys 軟體總部的錯愕。

是誰在巨大的貧窮中，建立起經濟奇蹟？Infosys 的存在，彷彿沙漠中的海市蜃樓，讓人難以置信。

第二個高反差畫面，是步入全世界最前衛的總部園區後，看到的創辦人辦公室，如此簡樸。Infosys創辦人穆爾蒂，二〇〇六年，與「印度聖雄」甘地（Mahatma Gandhi）共同被《時代》雜誌評選入六十年的亞洲英雄榜。二〇〇五年，入列《經濟學人（*The Economist*）》評選的「全球最令人景仰領導者」。他擁有財富、權力，卻極力克制自己的私慾。在Infosys公司治理的「勿假公濟私」（Don't use corporate resources for personal benefit）原則下，穆爾蒂在公司電話帳單中任一筆私人電話費，都切割出來自付。公司治理，不是他們的口號，而是基因。因為他想創立一家受人尊敬的公司。

穆爾蒂如何拒絕金錢？告訴你他做過的傻事。他創業的第四年，有一天，他的同事突然接到穆爾蒂的電話。穆爾蒂說道：「你只有三％的股份，應該多分一點股份。」但這是固定分配的，如何讓某個人增加？只見，只有約三〇％股權的穆爾蒂，把自己的讓出來。第二件傻事是，Infosys在美國上市之前，他要求創辦人們不領取員工分紅及股票選擇權，把致富的機會讓給員工。

如果穆爾蒂當年沒將股票分給其他創辦人及員工，身價可能比同為軟體公司的印度第四大富豪，Wipro 董事長普瑞姆吉（Azim Premji）的一百七十一億美元身價還高。

穆爾蒂的思維迥異於大多數世界級企業家，導因於他早年是社會主義者。這信仰，於一九七〇年代，在保加利亞旅行時產生轉變。他因為在火車上與一個女孩子講話，被人向警察告狀，莫名其妙就被抓，並被關在一個沒有床，沒有食物、水的小房間裡三天半。在回程的二十個小時旅程中，他開始反思社會主義國家的價值。事實上，在法國，他遇到很多左派分子，了解到共產主義解決不了貧窮，只有資本主義解決得了，要靠創業家精神才能夠解決，所以才主張「慈悲的資本主義者」。

對他而言，擁有財富，只是他的人生手段。他想要的是改變社會。那次採訪，**我問他，希望日後人們如何記得他？他說：「一個『待人公平（Fair Person）』的人；一個用資料分析得到結論的人；一個心胸開放，樂意接納別人意見的人；一個接受犯錯空間的人。」**熱情的革命家、理性的科學家、寬容的企業家，這是我對穆爾蒂的看法。

四年後，我在馬拉威，碰到另一位讓人動容的企業家。

馬拉威有一項辛酸的世界紀錄——全世界第四貧窮的國度。每三人中，便有一位面臨飢餓威脅，將近一半的年齡未滿十五歲。九〇%的馬拉威人是農民，每天生活開支不到一美元，比印度更窮。因為營養不夠，所以在路邊有一個非常特殊的「零食」在販售，小販拿著一支支的竹串，彷彿台灣的大紅串糖葫蘆。只是在馬拉威，紅葫蘆變成黑老鼠，沒有拔毛的黑老鼠們被排序串在大大的竹枝上，變成老鼠串。外地人嚇壞了，但當地人說，這是很可口的蛋白質補充品。

豔陽下，塵土飛揚的黃土地上，我來到距離馬國首都里朗威（Lilongwe）兩小時車程的村落。一路上，景象與顏色單一，罕見樹木，偶見的房舍就是茅草屋。抵達時，看到遠處一群隆重穿著學士服的人，但，背上馱著包袱。走近一瞧，那「包袱」是流著鼻涕的娃兒。娃兒哭了，農婦便撩開學士服露出乳房哺乳。非洲部落的歌聲與熱情舞蹈、孩子赤腳嬉鬧、農人們從總統夫人手上拿到畢業證書的手舞足蹈，貫穿馬拉威「家庭自立農業學校（School of Agriculture for Family Independence, SAFI）」的第二屆畢業典禮。那張畢業證書代表兩年的學習成果（夫妻檔一起住在學校），更意味著從此以後他們的農作收成可以提升三倍，孩子不會餓死，好日子的開始。

這場畢業典禮背後的關鍵人物是「家庭自立農業學校」董事長拿破崙・容貝

（Napoleon Dzombe）。他是一位白手創業的企業家，經營過農場、貨運公司、鋸木廠，賺了不少錢。多年前，馬國發生有史以來最嚴重的饑荒後，他幾乎散盡家財賑災，甚至開醫院。然而，還是杜絕不了人民的飢貧與死亡。後來他理解到，救濟是治標，提高農作的生產力才能釜底抽薪。於是，在美國如新（Nu Skin）公司協助下，一方面研發「蜜兒餐」，持續濟貧；另一方面建立「家庭自立農業學校」，協助馬拉威人大幅提高農作物的收成率。

畢業典禮後，衣領已磨損破白的容貝，站在蜜兒餐工廠前靦腆地闡述自己的理想。這位企業家無私奉獻贏得馬拉威人與國際上的信任與尊敬，使得國際企業的經濟奧援，經由他進入馬拉威。

馬拉威與印度，容貝與穆爾蒂，讓我看到貧窮背後的希望，讓我看到企業家如何影響一個國家。

艾森豪隨筆

—前進美國—

如果問我，人生最大的夢想是什麼？我希望，有生之年，能參與一個擁有國際影響力的華文媒體。不可諱言，台灣媒體的經營，仍難脫中小企業型態。

二〇〇六年，因為獲獎艾森豪基金會的訪問學人，展開兩個月的美國百年媒體訪問，而有機會靠近夢想。

這一切起源於第二次世界大戰歐洲的最高指揮官——艾森豪（Dwight D. Eisenhower），後來出任美國總統，並被後人選為「美國最好的總統」。他卸任後，在一九五三年搭起的一座國際平台艾森豪基金會（Eisenhower Fellowships, Inc.）贊助全球開發中國家的未來領袖赴美研習為宗旨。歷屆訪問學人因而建構起一個世界領袖網絡，包括兩位國家級元首。在台灣的獲獎者後來組成分會，包括一位副總統、三位院長、兩位副院長……特色是「三多」：「董事長多、院長多、部長更多」。因此以前有一則玩笑話，每次台灣艾森豪分會開會就像開一個非正式的內閣會議。

身為記者，「美國艾森豪獎」對我始終很遙遠，是每年揭曉獲獎人的報導素材。我萬萬沒想到，自己會成為第二位獲獎的女性。自己會由執筆者變成被報導者，由觀眾席走上舞台。再沒想到的是，這是開啟我國際視野的里程碑，並且醞釀為我日後在台大新聞研究所教書的主要素材。人生將如何，你永遠不知道。

厚厚的資料放入行囊。出發了！藉著這國際平台與旅程，我走訪美國九座城市，向百年媒體取經，看他們如何因應變局。

艾森豪之旅

—前進美國—

費城（Philadelphia）

艾森豪之旅，首站是基金會總部所在地——費城。這是美國建國初期的首都，十八世紀時是全世界第二大使用英語的城市，被譽為「美洲大陸的雅典」。有人說：「走在費城街道，彷彿走入美國歷史書。」確實，舉目盡是一幢幢巨石斧鑿、古紅磚砌成的建築。每一幢建築的背後，都是一部美國歷史。許多的「第一」紀錄在這裡，有美國的第一個銀行、美國建國的歷史之廳——獨立廳（Independence Hall），這是一七七六年七月四日美國發表獨立宣言所在，裡面有一口古老大鐘，龜裂前，每年此日都會敲出自由之聲……這裡被譽為「美國最古老的一平方哩（the most historic square mile.）」。

曾經的顯赫，為何不再？

原因諸多，首都遷走是其一，此外還有一個轉折。早年，在美國仍然盛行販賣黑奴，全美第一大城費城率先宣布讓黑人擁有自由公民權。這很有理想的政策，在二十年後卻造成城市的衰弱。黑人開始進入費城，盤踞城市。有錢的白人不願與黑人雜居，先是撤離到郊區，後來甚至撤離費城。一個曾經聚集許多富人的城市，步向沒落。

如果倒帶歷史，費城不該逞匹夫之勇，率先宣布解放黑奴嗎？後來，許多城市不也都跟進？費城的方向沒問題，錯在於執行面思慮不周。如果當年是協同若干大城市一同宣布，黑人進城後的配套安置也都有……歷史的發展或許不至於如此。

華府（Washington D.C.）

在人類發明電燈之前，《國家地理》雜誌（*National Geographic*）就已創刊，這是一個偉大的機構。其總部位於華府，距離美國權力中心——白宮只有十分鐘步行路程。

在這幢大樓裡，有兩個獨特的空間。

第一個空間，照片陳列室，歷史盡在其中：一九一五年，他們贊助的研究團隊在秘魯山區發現失落的印加城市；一九二六年，《國家地理》攝影師發表世界首張水底彩色照片；一九六三年，他們贊助第一位美國人登上聖母峰；一九八五年，他們公布搜索鐵達尼號的結果……我同時也看到電影《迷霧森林十八年（*Gorillas in the Mist*）》記錄生物學家黛安・弗西（Dian Fossey）的照片，她當年受國家地理協會的贊助，到盧安達山區研究大猩猩，後來被暗殺於山區。

《國家地理》不只是記錄歷史，更是促成歷史之首。他們很驕傲，抽掉牆上的任何一張照片，人類歷史都會因此改寫。

走入第二個空間，像小會議室，裡面有一張木圓桌，這就是國家地理協會當年的「起義之桌」，超過一百歲。如此接近歷史，讓我莫名地顫抖。牆上懸掛著一張油畫，重現當時發起會議的場景。導覽的瓊安要我猜猜畫中的趣味，我摸不著頭緒。她莞爾地揭開謎底，當年並沒有電燈，但畫家開了一個玩笑，在與會者的頂上畫了一個大燈。

一百多年了，世界大戰都發生過兩次，他們屹立地堅持初衷。創辦人哈伯德

（Gardiner Hubbard）留下名言，仍在總部：「我因無所求，而無所懼。（I neither hope, nor fear.）」這天，我在筆記本上寫著：盼望有一天，我的國家也能有一個歷經百年而偉大的媒體。

紐約（New York）

在紐約最繁華的第五大道上，有一幢老建築上刻印著「FORBES MAGAZINE」，這是富比世集團總部。

《富比世》創立於一九一七年，是全美國第一本商業新聞雜誌。歷經三代，仍是家族企業。穿過「富比世總部」的旋轉大門後，兩旁高懸兩幅巨大的油畫，有一幅的主角戴著黑框眼鏡、身穿熱氣球裝，應是富比世家族的第二代麥爾康・富比世（Malcolm Forbes），他是曾經角逐共和黨總統候選人的史蒂夫・富比世（Steve Forbes）的父親。史蒂夫是現在富比世家族的第三代掌舵人。此人不但是老闆還兼總編輯，他樂於拿筆，數十年如此。

這天下午，我拜會了他弟弟、副總裁羅伯・富比世（Robert L. Forbes）。老先生的桌子，高高低低堆滿出版品，從辦公桌到會客圓桌都是，擠出一個茶杯的空間都勉強。富了三代的企業家，氣質與肢體是藏不住貴氣。我問他：「雜誌辦了八十九年，現在最大的挑戰是什麼？」他說：「變局中，保持彈性！」你到報攤上走一遭，有很多雜誌曾經有五年、十年好光景，然後，他比了一個手勢：「噓，就消失了！」沒有新思想的企業，位子早晚會被取代。彈性、新思維、危機意識，是《富比世》邁向百歲的利器。

《富比世》刻意沒上市經營，在變局中有較大自主。美國一些上市媒體集團，執行長們願意顧慮華爾街股價起落，動作多所顧忌。少有執行長敢夠氣魄地說：「去他媽的股價！兩年不看，埋首建設基礎。」我與羅伯討論及此時，他慶幸，他們是家族企業，而能更自由。

上市，成為贏者在變局中的詛咒嗎？

在紐約的另一重點是「時代雜誌集團」，極盛時，時代集團旗下有一百四十五本雜誌，一年的獲利約十億美元，比台灣雜誌產業的總產值都大。我與「天字第一號總編輯」——全世界最大雜誌出版集團的總編輯長（Editor in Chief）一晤。

面對當時總編輯長約翰．休伊（John Huey），我的好奇就是：「怎麼管理一百四十五本雜誌？」他講了兩個重點：

一、只管十本大刊，《時代》雜誌、《財星》雜誌、《時人》雜誌、《In Style》雜誌、《運動畫刊》、《Real Simple》雜誌……這些雜誌都是百萬份規模的發行量，一、二個百分點的差異，就能產生很大的財務數字差異。簡言之，重點管理，管大事不管小事。事實上，這也吻合時代雜誌集團的大刊策略，他們不再費時於小刊。

二、晉用與免職總編輯。這是他最重要的事。他選對了人，就可以在他三十四樓辦公室內高枕無憂。選錯了，就累了。他是腦袋清楚、果決的人，不適任者，很快就會讓他下台。

聖彼得堡（St. Petersburg）

怎麼跑到俄羅斯去了？不，不，此市不在俄羅斯，而是在美國佛羅里達州海邊。它的命名是為紀念開闢此城的彼得・迪曼（Peter Demens）的俄國故鄉。這裡有許多帶西班牙色彩的老房子，在海邊更有七千多對大嘴鳥——鵜鶘在此築巢，非常壯觀。我在這裡上了一星期的媒體領導課。

波因特學院（Poynter Institute）在美國媒體界十分著名，連瑞典、丹麥、南非的媒體主管都專程飛過來上課。他們翻新傳統的教學方式，有些課程基本上是仿照哈佛的個案教學法。模擬一種情境，讓你可以實地做決策，融合心理學、媒體實務與管理學。

課程的高潮是邀請美國前三大電視網CBS晚間新聞主播鮑伯・西佛（Bob Schieffer）演講。滿頭銀髮的鮑伯曾擔任華府首席記者二十三年，還兼《面對全國》（*Face the Nation*）節目的主持人。因為採訪過多位美國總統，所以現場的發問也都圍繞在他對不同任總統的評論，從甘迺迪（John F. Kennedy）、雷根（Ronald Reagan）、卡特（Jimmy Carter）、柯林頓（Bill Clinton）……其中，讓我最深刻的則是他回應媒體在變局中的角色。有人問他，網路時代來臨，傳統媒體角色會產生什麼變化？他說，他兒子曾經問他：「你小時候就立志要當電視主播嗎？」「我小時候，哪來的電視啊？」鮑伯強調，他過去無從想像電視會變成主流，一如今天，「潮流會怎麼變，沒有人說得準，但在新聞界的有些價值，不管什麼媒體興起，都是永恆——新聞人的勇氣、操守、求真。」

西雅圖（Seattle）

離開大峽谷後，我飛往西雅圖，共同拜會三大公司：波音（Boeing）、微軟（Microsoft）與星巴克（Starbucks）咖啡。

波音與微軟，是氣派與效率的大公司，星巴克氣氛則全然不同。牆上塗鴉，色彩與笑容四處流竄。我們被引入一個小會議室聽簡報，雖然節奏與效率不如前兩大，但客人自在。聽完簡報後，導覽我們的人員竟然說：「咱們到董事長辦公室逛逛。」董事長辦公室，怎成了旅遊景點？

她真的帶著一群陌生人堂而皇之闖入董事長霍華．舒茲（Howard Schultz）的辦公室。主人不在，客人拿起相機猛按快門。董事長的祕書也不擋，還拿出老闆的各國名片，送給訪客留念。在霍華的辦公桌旁堆放著數本《Joe》雜誌。我沒聽過它，不知其來由。上網查詢後，才知道有這段故事。這是霍華曾經提議創辦的生活雜誌，結果慘賠。他說：「我們不能把失敗掃到地毯下藏起來。」他主張創新，不要怕失敗，只要能從中有所學習。於是，他把《Joe》雜誌放在辦公室，時時提醒自己，是否從中有所學習。

舊金山（San Francisco）

萬聖節這天，我拜訪了史蒂芬・史匹伯（Steven Spielberg）的夢工廠電影（DreamWorks）。

一進入口，坐在總機位子的不是人，是一隻肥胖的褐色蟲蟲。閃神間，一個紅色身影擦身而過，「怎麼冒出一個塗滿白色粉底的紅衣小丑，還蹬著高跟鞋？」往深處走去，一個全身黑衣的殭屍被勒在門楣上，調皮地瞅著你……他們在工作中找樂子。

皮克斯動畫（Pixar）創意靈魂人物拉塞特（John Lasseter）接受媒體專訪時提到成功動畫的三個要素：「精彩故事腳本、逼真動畫場景、打動人心的角色。」陳述簡單，但背後是高難度的商業機制，創意、科技與管理的結合。文化創意產業與製造業不同，談的是如何能槓桿出數倍的衍生商品利益。經營者的智慧在於：誰有本事砸大錢後，賺大錢。

砸大錢的背後，是非常精密的分工，是專業的花錢能力。在夢工廠的一個角落，我看到牆上貼著三張紙，描繪電影《史瑞克》（*Shrek*）中皇后的一件蓬裙禮服。第一張是手繪出這件禮服的款式，第二張紙上貼著這件禮服的布料，第三張紙

生氣盎然的驢子，總比死獅子來得好——南極——

一場失敗的長征，為何百年後仍被全世界傳誦？

去南極旅行前，我研讀一些極地探險的書，最大收穫是英國探險家薛克頓（Ernest Shackleton）的長征記《極地（*The Endurance: Shackleton's Legendary Antarctic Expedition*）》。這是一本值得一讀再讀的好書。一百多年前，英國軍人薛克頓想展開第三次南極探險。當時，第一位抵達南極的紀錄已被挪威人插旗。薛克頓想創另一紀錄：第一位徒步橫跨南極大陸的人。一九一四年，他率領「堅忍號」（Endurance）從倫敦出發，二十八個男人、六十九隻雪橇犬，開始這段冒險。這艘船的命名源自於他的家訓：堅忍之心，征服一切（By Endurance We Conquer）。

在南極的夏天，他們壯志揚帆，但船連南極大陸都沒碰到，就被驟變的氣候冰凍在惡海上。他們起先因船隻被浮冰擠壓爆裂折毀，受困於浮冰，後來續困於一座孤島。在無人能抵的南極、零下二十度的氣候，歷經兩個漫漫永夜的寒冬，這群科學家、水手、木匠組成的探險隊受困南極七百多天。

最後，薛克頓帶了一組人划著一艘小船去求救，在冰海歷經颶風而能倖存，登陸後攀越無人走過的冰川高山，重返人類社會。並且，他還尋求救兵船再返孤島營救，讓隊員全數死裡逃生。這不是人類可以做到的，後來，這趟探險被譽為「最偉大的失敗」。他的危機領導力，一九九八年起在美國形成一股風潮，成為執行長們的案頭書。

北極還有愛斯基摩人，但直到現在，南極大陸都是無人之境。少數留在極地的研究者到了冬天，曾發生發瘋、持刀事件，更何況要在南極度過絕望的七百多日。從結果論，薛克頓是失敗者。每次遠征南極都失敗，第三次甚至連邊都沒沾上。奇妙的是，能說得出「誰是第一位橫跨南極的探險家」的人不多，歷史的締造者被遺忘，但多記得橫跨南極的失敗者薛克頓。

薛克頓具備罕見的危機領導力，英國歷史學家更推舉他為：「地球上最偉大的領袖人物。」他把部屬的福祉放在領導者之前，置己身生死於一旁，將自己活命的餅乾讓給病弱的探險隊員。後人分析他的人格特質，是一位樂觀主義者，不只能看到事物的美好一面，還堅信最後一定會成功。他讓人在絕望中生信心，有紀律地遛雪橇犬、慶祝節日。即便船毀了，必須棄船逃生，他不是關起房門開緊急會議，加深恐懼，而是在隊員的口哨旋律伴奏下，在冰上跳起華爾滋。

「堅忍號」船長沃斯禮（Henry Worsley）形容薛克頓如何領導夥伴走出絕望：「你最好他媽的給我保持樂觀。」薛克頓如此詮釋生命：「一隻生氣盎然的驢子，總比一隻死獅子來得好。（Better a live donkey than a dead lion.）」

脫困後，**薛克頓留下一段傳世名言：「我們雖然沒能到達南極點，但後來者可以追尋我們的足跡，如果他們失敗了，人們還會繼續！因為我相信，探索未知之地是人類的天性。唯一真正的失敗是，我們不再去探索。」**

沒有電話的飯店

——柏林——

房間沒電話與冰箱的飯店，是一家廉價飯店嗎？

三月到柏林出差，入住德國連鎖商務旅館 Motel One，房間雖小但設計很有時尚感，鄰近中央車站，交通超級方便。一晚新台幣四千八百元且含早餐，划算。退房當天，我才發現美麗背後的祕密。

那天，台北同仁與我預約一通越洋會議。但：「電話在哪？」遍尋不著，只好以手機視訊。我真沒料到，這麼時尚的飯店房間竟沒電話。會議開完後，我下樓退房，一秒鐘就完成。是的，因為房間沒有電話與冰箱，沒有額外費用需處理，退房變得很簡單。業者發現，大多數飯店房客根本沒使用電話與冰箱（這點我在事後也印證，我跟三位同行者分享沒有電話的感覺時，竟有兩位根本沒發現房間沒電話），於是顛覆傳統，以「房間沒有電話與冰箱」為設計理念，這不但省去這兩項的設備投資，更省去衍生的流程、人事管理成本。

有似曾相識感嗎？彷彿是管理學經典個案「西南航空（Southwest Airlines Inc.）」的飯店版。

西南航空長期以低價作為競爭優勢策略，當全美國航空業全面虧損時，西南的票價還能低於其他公司同樣航線票價近一半，而且還能獲利。是什麼支撐他們的低價策略？他們清楚自己的目標市場，勇於砍掉一連串的無謂服務，譬如當年率先敢於「不在飛機上供餐點、不提供轉機服務、不預定座位」。

這在當年是非常破格的思維。為什麼他們敢？因為他們的目標顧客不需要。經過深度了解後，他們發現可以切割出一塊短程的商務旅行市場，於是他們專攻兩小時內短航程的商務客。

這是雙贏策略，拿掉目標顧客不需要的服務，降低公司的營運成本，譬如不提供餐飲和行李轉運，可減少服務人員，縮減班機清理時間。減少加熱餐飲的設備，不但減少機上服務人員的工作，且騰出的空間還可增加六個座位。因為營運成本降低，西南才能保持低價服務。

時至今日，西南航空的低價策略面臨新競爭者的挑戰。但他們當年從策略發展出來的「刪除法」（聚焦）經營理念，還是經典。數十年後，在不同產業都看到類似的經營概念。

郵輪上的「仙女」

——阿拉斯加——

我第一次搭郵輪旅行是去阿拉斯加，在船上，我碰到一群快樂的人。

這艘船有七百名服務人員。每晚，有一位來自印度的壽斯先生固定幫我們點菜。他是很開心的年輕人，每天他向我們推薦當日重點菜色時，就好像那是他自己燒的菜一般。當我們很快吃完龍蝦後，他知道客人喜歡，馬上又新遞一盤（船上飲食是吃到飽）。有一位婦人不愛吃甜食，但是壽斯還是把一客草莓冰淇淋放在桌旁，企圖誘惑她，旋踵，婦人真的把甜食一掃而光。壽斯好開心啊。

其實，客人吃越多，壽斯越忙。只見他一趟趟地跑進廚房，肩扛出十幾盤的餐點。但是，他樂於此。

壽斯很細心，大約第三天之後，他已知道每一位客人的飲食習慣。譬如，我不需要餐前果汁，或者我鄰座者要兩杯番茄汁……總之，每位客人每晚來到固定座位前，餐桌上已經擺妥這個人習慣喝的飲料，就好像自家的管家。

我沒看過像壽斯這麼開心的服務生，正如我沒見過如此有創意的房務清潔人員。這個人固定打掃我們的房間，每天會將白色枕頭搭配彩色抱枕組合各式花樣，讓單調的房間充滿新意。他有時候讓枕頭躺成幾何圖形、有時站著如金字塔……該怎麼形容那種感覺呢？對了，就好像那則中國傳說，米缸裡躲著一位仙女。你每天回家前，她已變出一桌菜餚。

有一天，我實在忍不住了，去尋找這位「仙女」。這才發現，他叫做理德，是一位靦腆的黑人。

日復一日地打掃房間、端菜，是繁瑣、無趣之事。但是，理德與壽斯卻樂在工作，而且這艘船的大部分工作人員都是如此。因為他們快樂，所以船上充滿歡樂。

高雄佛光山總部，有四句話，蒼勁地書寫於一面牆上：「給人歡喜、給人信心、給人希望、給人方便。」給，這動詞的力量可以如此大。一艘郵輪上的兩位工作者用心工作，就能帶給無數進出這艘船的遊客萬般歡喜。他們一定不知道，他們給予的歡喜，十幾年後，還蕩漾到遙遠國度，還留在我的記憶。

論人

用最大的心，其實就是心無旁騖與全力以赴；
做最小的事，就是不好高騖遠與持之以恆。
道理好像不大，但梵谷筆下的不朽畫作《向日葵》、《星夜》，
就是這麼誕生。

餃子露出餡

猶太人有一句諺語：「如果不讀書，行萬里路也不過是個郵差。」

我曾經擔任一場大學青年領袖的評審，獲選者能與大陸大學生跨海交流。我拿到這群各校精英的資料時，看到他們年紀雖輕，但幾乎都有赴對岸與大陸頂尖學生交流的經驗，不只與大陸，他們的國際涉足亦廣，或代表外交部，或參加國際志工，足跡到達南美洲哥倫比亞、大洋洲的索羅門群島、非洲的馬拉威……。九九．九%的成人一生都無法一訪之地，他們在小小年紀時就有見識。遙想我在這年紀，還是土包子。

因此，口試時，我很關注，他們對自己的見識有何洞察。

一位有在德國紐倫堡（Nuremberg）交換學生經歷者，我請他介紹紐倫堡。他碎片式地描述風景，我說：「不是要你當導遊。能較深入描述嗎？譬如紐倫堡大審。」他面露茫然：「紐倫堡大審？」我則訝異，曾在此住過的人會不知，紐倫堡在二次世界大戰後，各國會審納粹，而肇始歷史上的第一個國際法庭。

還有一位學生想推薦一本書給大陸學生，此書作者是他的教授。我順勢問：「你知道謝教授的江湖地位嗎？」這位學生說，老師很親切、年輕時荒唐過。話只能止於此，顯然不清楚他的老師是台灣探險教育的鼻祖。

第三位的社團經歷寫著登山社。我心想，若有人能跟大陸學生代表介紹台灣的高山，挺不錯。於是問他：「台灣有幾座百岳，你爬過哪些？」這一問，又踢到無言鐵板。

上述或許是特例，但讓我重新理解到現代年輕人所謂的「見多識廣」。見聞多的年輕翹楚，因何會「見多，識不深」？洋洋灑灑的經歷，完全經不起追問。會後，我與其他評審交換「見多，識不深」的觀察。一位評審做了絕妙的比喻：「餃子包得好不好，沒下鍋不知。下鍋一煮，沒包好的，就露餡了。」

「見多」讓一個人寬廣，是累積閱歷的過程。但，見多，更要見深，若要見深，就要經過思考與反芻，將資料轉化為知識，這是腦部運作的習慣。「見多」的人，就像一個包得很飽滿的餃子，挺漂亮。然而餃子終究要下鍋一煮的，那一刻，內餡與包工就會見真章。

萊比錫女孩

去德國參加書展時，碰到一位台灣留學生。她在萊比錫大學（University of Leipzig）就讀，二十六歲還在念大二，引起我的好奇。「怎麼了？」她說，必須半工半讀，所以延長求學時間。幾年前，她在台灣讀完五專後，沒有考上二技，於是想到德國闖一闖。這個晚上，一場活動結束後，我們倆走在靜默的路上，她的故事飄蕩在萊比錫的冷空氣中。「讓我抽一支菸，好嗎？」她徵詢我的同意。到德國後，壓力大到不知道人生怎麼走下去，她開始抽菸。德文難學、經濟有壓力，家裡無法理解她為何還無法完成學業，她打結了。困頓多年，去年終於解開。她開玩笑說：「誰要是想把孩子送到德國，要三思，除非那孩子不是你生的。」

我看著「萊比錫女孩」，好勇敢啊，一位能獨立探索人生的年輕人。是怎麼樣的父母教育出這樣的孩子？可以揪著心讓孩子受苦，真不容易。我相信，「不給金錢」是現代父母送給孩子最好的生命禮物，但亦是最難功課。

對比一位教授，栽培兩個兒子赴美國讀書，希望以後也能克紹箕裘的故事。為了讓孩子專心拿博士，他沒讓孩子打工，全額負擔，六年花掉一千兩百萬元積蓄。一千兩百萬換到什麼？兒子學成歸國後，懶得找工作。張教授透過朋友，想幫孩子在大學裡謀職位，兒子竟對老爸吼說：「幹嘛工作？你不是留了幾間房子給我們，靠租金就可以過活。」

這類故事不少。一對父母殷殷望子成龍，攢了錢，送兒子到法國學設計七年，萬沒想到埋下災難的種子。學成歸國後，擁有國際視野的兒子，每次應聘都無法持久，自認懷才不遇，終日宅在家。快四十歲，才終於穩定。但收入有限，買房、買車，還是跟父母伸手。一旦父母不給，就死纏不已。父母很頭痛，兒子都中年，卻不成熟如嬰兒。養兒如此，唉，不難了解這對父母多年來的痛。

越來越多年輕人不想工作，究竟是誰造就「啃老族（Not in Employment, Education or Training, NEET）」？答案再清楚不已，但多數當事人不自覺。統計顯示，對於孩子賴在家的原因，將近一半的父母歸咎於大環境不好找工作，只有四分之一的父母認為是因為自己太寵小孩。一旦碰到這種情況，只有二四・一%的父母能採取「一毛都不給」態度，逼孩子獨立。因為縱容，啃老族在許多現代父母「默許下」逐漸、逐漸壯大，終於演變成不可收拾的一枚枚家庭地雷。

沒有父母想要「啃老族孩子」，這是殘忍的晚年。然而，問題出在，現代父母急於給予孩子飛黃騰達的翅膀，卻忘了教育：先站起來，以為「站起來」是本能。哎呀，千錯萬錯莫過此。或許，當你知道，在台灣有近五十萬名「啃老族」時，你會重新審視**「給孩子最珍貴的禮物，並不在送他們去遙遠天邊」。如果你還來得及，請綁著自己的手，讓他們跌一下跤，沒關係。孩子才是他們自己航程的駕駛。**

不能飛高走遠

有時，不能飛高走遠，是一種祝福。

幾年前，在英國劍橋結識一位在當地攻讀博士的朋友，我非常佩服他能在全世界最頂尖的學府取得學位。走在劍橋的校園裡，讓人覺得渺小，這是歷史的現場，你與八十七位諾貝爾獎得主，加上達爾文（Charles Darwin）、拜倫（George Byron）、培根（Francis Bacon）、牛頓（Isaac Newton）、凱因斯（John M. Keynes），以及不同時代的偉人，在同一個空間學習，時時碰撞的震撼。站在世界最高的學府，學子的自我期許也高於旁人。我的朋友畢業後，沒留在英國教書，選擇回台灣。回國後的有一天，他捎來一封郵件，在職場跑道思緒紛亂，「隨時要爆炸」。

他過得不好，想融入職場卻格格不入，不知是否選錯地方。我回信，「我能力與學識都不強，無法飛高走遠，所以職場一路走來，很認分，沒想太多就埋頭做。做到高階職務時，猛抬頭，怎麼身旁比我有學識的人都不見了？現在想想，無法飛高走遠，可能是另一種祝福。念頭不雜，認分做，不知不覺中竟然走出一條路。」

每一個人的資質、際遇不同。我是駑鈍之輩，飛不高走不遠，幸運的是，有自知之明。而且，自知得早，所以，認分。認分的意思有兩層：一，接受。過程中，我從不認為挫折是一個問題，就是接受，埋頭把一個個問題解決。能力，也在解決問題中建立起來；二，心思不雜。闖出一點成績後，我也碰到外界誘因，但因為認分，而安分。曾經不止一次，受邀去創業，我都搖搖頭：「沒那個能力！」可能採訪過太多的一時英雄，目睹太多創業維艱的殘酷，因此膽小如鼠。說白話，創業若只能賺小錢，我沒興趣；賺大錢，我沒能力。

我常常碰到資質很好的人，欣賞他們的聰明，也可惜他們的念頭太多，於是：不夠專注，不夠珍惜。可惜了老天爺賞賜的天分，如果那份天分，能加上多一些認分，成就會大不同。我的觀察，聰明的人多半沒能知道「一心一意」的重要。這正是日本武士道的精神「一生懸命」。

有一天喝茶聊起此事，朋友梁先生解釋這種態度：**「用最大的心，做最小的事。」**充滿禪意的話，讓我靜默良久。

我想起，一生都在研究蚊子的連日清先生。有一次，被媒體訪問時，他說到，早年當翻譯官時，每個月有一千兩百元的薪水，後來他到衛生署之後，月薪只剩下三百多元，但他處之泰然：「只要能做自己喜歡的工作，物質差異不算什麼。沒有深入其中研究，我就不會知道蚊子這麼有趣。」他在一個小領域自得其樂，看起來是做小事，但扎扎實實，後來成為蚊子的權威。

他說：「在每個領域都需要不同專才，就算你今天選擇冷門行業，只要能夠專精，照樣可以出人頭地。」

從小到大，我們的教育就是被期待做大事、成大業。但這會怎麼發生呢？讀最好的學校、拿一百分、去最棒的公司上班嗎？或許是的，但還有一把更重要的鑰匙：「扎扎實實地做小事。」

現代人有太多誘惑，心太大，以至於選擇很多。用最大的心，其實就是心無旁騖與全力以赴。做最小的事，就是不好高騖遠與持之以恆。道理好像不大，但梵谷（Vincent van Gogh）筆下的不朽畫作《向日葵》、《星夜》，就是這麼誕生。

老闆教我的兩件事

我很年輕就當主管，還記得第一次晉升為主管的畫面。那天，我的主管把我叫到跟前，他看出我的忐忑，耳提面命：「文靜，當主管有兩件事情，你要時時放在心上。第一，公平；第二，授權。」我很感激他像一位師父般傳授心法。我懵懂地領了意，雖然當時並不那麼了解這兩門學分的真諦，但很認真放在心上。回首一路，挺慶幸這兩件事教我的諸多體會。

所謂公平，這是指在資源分配上，是否合理地對待每一位同仁。組織內紛爭之起，多半不是可分配的金錢太少，而在「分配不均」，也就是「不患『寡』而患『不均』」。關於這點，很妙，我從沒碰到任何一位主管認為自己是有私心的。然而，為何自認為公平的主管在現實生活中，卻面臨部屬不滿主管不公而憤憤離職？

顯然，兩方在這部分的認知有差異，到了曲終人散還沒交集。

不公平，如果是誤會，就在於溝通不足。如果是刻意，通常是因為潛意識對自己的領導自信不足而有的反射，於是合理化自己的主觀價值，想形成自己的人馬與地盤。這項行為在資源的分配上，最容易被放大，或引起反彈。

關於這點，我戰戰兢兢地處理，因為我是一個主觀強烈的人，一不小心就會在分配資源上被私心駕馭。既然是人，一定會有好惡，避免不了。我不逃避自己的人性弱點。因此，過去十年，我花了很多時間在建立客觀的管理指標，就是避免資源分配的權力集中在我的好惡上。並且，適度透明。也就是說，不管我喜不喜歡你，都不會影響你的晉升與考績、獎金。這也是我的信念，一個組織應該給部屬的安全感、承諾。

主管的公平，是贏得部屬信任的基石。沒有信任，任何團體都很難走遠。這是我當主管的第一課，不過，知易行難。

管理的第二課：授權。當執行長滿一年後，我做了一項統計：過去一年簽核的公文數量有多少？答案是：一千一百五十九件。統計的目的在於我想將公文分級，要進行再次授權。我是亦勤亦懶之人，勤來自於本性的懶。我很怕源頭沒搞清楚狀況而授權，日後出問題要費更多時間收拾善後，對於簽字必須負責這事，我的警覺算高。接執行長半年後，我做了第一批公文授權，公文數量減少四分之一，這是當我更了解每位部屬批公文的習慣、每一份簽呈我能給予意見的貢獻有多大、簽呈的規律性與共通性後，而有的授權。

這些年，我觀察許多人的授權作風，將之分成四種象限：懂而授權、不懂而授權、懂而不授權、不懂又不授權。

第一個象限「懂而授權」，這是高端。權力能放，也知道如何收，收放自如，自然老練。不過，難啊。

第二個象限「不懂而授權」，這叫做偷懶。天下沒有白吃的午餐，既然老闆不懂又不管，部屬自然掌大旗。權力一旦下放也就難收，船要開到哪，也不是船長能決定。這種主管常見的方式就是討好式的管理，不敢當壞人，我稱之為「被綁架式管理」。

必須澄清的是「不會做」與「看不懂」這是兩種層次問題，不能混為一談。主管不會做部屬能做之事，合理。但「看不懂」叫做不識貨，縱然遇到千里馬也難為其所用。

第三個象限「懂而不授權」，這叫「累死將軍，閒了三軍」。這種主管是事事不放心，部屬總沒有獨當一面的機會，老是長不大，於是他的組織也大不了。優點是，雖然組織大不了，但是也不至於出紕漏。

第四個象限「不懂又不授權」，這就不消多說，不但累死自己也拖垮大家。最弔詭與最危險的是，我還從沒碰到有主管認為自己如此。

二十年前，我第一次當主管時，我的老闆就提醒我要認真修「授權」學分。授權確實，才有可能穩當地擴大管理幅度。這些年，我觀察過形形色色的主管，其快樂與成就感指數，多與授權的成熟度有關。這是一門似易實難的功課。

平庸的馬伕主管

我到義大利西西里島走一趟後，對於那裡的陽光、棚架上的檸檬、藍色或綠色的百葉木窗、有色彩的外牆……很感興趣，所以，就希望也能有幢這種風格的房子。後來，真的實現了。然而搬家後衍生的問題是舊家具如何放進新空間。其中之一是丹麥風格的櫻桃木電視櫃。它一靠近新家的石頭牆面後，格格不入，顯得小氣。我看了很痛苦，於是換上一張購自山西省的老櫃，哇！客廳迥然不同。我確定，這張山西老櫃擺對地方了。更神奇的是，我把櫻桃木電視櫃換空間，移到客房後，天哪，它竟然活潑起來了。

櫻桃木電視櫃還是老樣子，但是擺在不同地方，有如此大的差別。擺對地方，它的價值就跳出來，它所處的空間也隨之加分，雙贏。同樣的故事，也發生在竹子盆栽上。這盆竹子在全然白色的舊家，很優雅，經常引起客人的讚嘆。但是一到新家後變得沒有個性。後來，我只好送人，讓它離開不適合的空間。

從擺家具的經驗，讓我體會到「適才適所」的意境。其實，每一件家具都有它的個性，但是要擺對地方，這就像人才的辨識與安排。何謂領導？就是把對的人放在對的地方，讓他們有機會成功。你可以想像把老虎送到猴子學校，會發生什麼災難嗎？我們在當主管的第一天起，就在學習如何當伯樂，然而，很常聽到的感慨是人才難求。這究竟是：千里馬難尋，還是伯樂難覓？

韓愈認為：「千里馬常有，而伯樂不常有。」他感嘆，世上有很多千里馬未被辨識，沒被差別對待，埋沒於平庸的馬伕手中，平凡一生。平庸的馬伕錯失好馬而不自知，卻高喊：「天下無馬。」究竟真如此，還是自己不識貨。「其真無馬邪？其真不知馬也。」

這篇〈馬說〉如暮鼓晨鐘。韓愈雖然將自己的不得志寄情於文，文章已千古，但放到現代管理上，字字珠璣，罵到痛處，也罵得每一個老闆心驚膽跳。原來，找不到人才的隱藏性問題在於：我們錯過人才，而不自知。

誰不想成為伯樂，誰願意變成「平庸馬伕」？然而，很多主管是欠於識才能力，卻不自覺。識人，不容易，必須用心，還必須學習技巧，識人之專業、識人之個性、識人之潛力。

「平庸馬伕」的識才問題，長期，甚至會造成組織的負作用。人與馬不同。馬，沒有辦法換老闆；但，人才會移動，有換東家的能力。

從主管角度重新讀〈馬說〉，很有意義；從員工角度，有人可能覺得大快人心，找到自己懷才不遇的原因。且慢。殊不知，韓愈懷才不遇，是因為那個年代沒法子換老闆，工作是一輩子，碰到皇帝昏庸也只能認了。但現在可不同，很少有人是終身職。一個人或許一時懷才不遇，但在求才若渴的年代，豈有終身懷才不遇？千里馬在今日，或許寂寞一時，但不會寂寞一世。唯一的誤會是，唉，以為自己是千里馬。

將軍的價值

我的臥室有一長櫃，因為上面堆滿雜物，所以難得一見真面目。雜物為何這麼多？房間已有置物室，幾年前覺得空間不夠，往上增加層板。再不夠用，又添一長櫃。現在還是不夠，雜物堆放到地板。

還要再擴充新櫃嗎？我靜下思索該怎麼解決時，忽然了悟：「問題的根本是在櫃子不夠，還是使用者的思維？」一有東西，我就隨手放，也不看這是否需要留。日積月累，櫃子的空間當然跟不上雜物成長速度。我為何疏於盤整雜物？難道我以為家有萬坪，無需計較小節？平心而論，潛意識可能是如此。這是潛意識的「員外個性」，台語稱之為「阿舍」。每當置物空間一擴大，就更肆無忌憚。終於，多到雜物爆炸。

生活上的「櫃子不夠」，亦是管理上常有的迷思「人手不足」。

管理者常有的口頭禪是：人手不夠。人不夠與櫃子不足，是同樣慣性。我常會問跟我要人的主管：「你究竟是人員不夠，還是人才不足？」還是，工作流程未能與時俱進地優化。管理，從來都不能簡單化處理。

我對於加人，一直有恐懼症。公司早年營運不佳時，人員其實不少，但效率不彰，後來一度全員減薪。因此，我很深的感觸是，人多未必能搞定事，人少未必成不了事。除非這是一個成長型組織，否則，加人，是最膚淺的解決手段，也不夠深究問題。解決了眼前，卻把問題丟到日後，逐漸邁向大象型組織而不自知。

人數多寡，與打勝仗的必然性有多大的關聯性？或，再深問：打勝仗的關鍵是什麼？

如果要列舉中國數千年來的著名戰役，「鉅鹿之戰」絕對是其一。楚霸王項羽以懸殊的兵力贏得不可能的勝利，間接造成秦朝滅亡。

在作戰心理上，項羽將軍率兵渡河後，宣示此無退路的決心，下令砸鍋毀船，只備三天的糧食開征。後人的「破釜沉舟」成語即出於此。

將帥身先士卒，楚君用命，殺得驚天動地，竟然以一當十，殺得秦軍潰不成軍，扭轉中國歷史，亦留下中國歷史上最著名的以寡擊眾戰役。「以一當十」典故正源於此。

鉅鹿之戰是我很喜歡的一段故事，可成為哈佛管理學院的領導力教案。一支兵力不足、糧食不足的軍隊何能勝利？很顯然，它證明支援少，也能打出漂亮的成績。這場戰役不是靠人海，而是贏在將軍的腦袋：戰略與領導力。

想像當年的項羽，沒有充裕的軍力，是何等氣魄。首先，他接受自己人手不多的事實，但他不相信人多才能打勝仗。他的解套，不是等人力補齊，而是接受人少的事實去部署戰局。他讓整個軍隊展現旺盛的求勝心，如此，一個人發揮十個人的戰力。

今日企業，經常會聽到經理人感嘆人手不夠、預算有限。然而，資源，有足之時嗎？**資源，端看在不同領導人的手上，如何得當運用。經理人的分野，卓越與平庸，即展現於有限預算下誰能成事。我經常反思：主管的價值何在？若在資源充裕的情況下打勝仗，這是理所當然，若勝何言歡。資源匱乏雖是經理人的考驗，亦是契機。**

一個人如何想事情，影響他成為什麼樣的人。

當傑克．威爾許遇上韓非

我碰過最難纏的受訪對象是誰？不需思索，馬上可以回覆：「前奇異集團執行長傑克．威爾許。」他的外號是「中子傑克（Neutron Jack）」。

他因何能被《財星》雜誌推舉為「二十世紀最傑出的經理人」？在他執行長任內，獲利成長八倍，由十五億美金到一百二十七億美金。他如何經營如此龐大而又複雜的集團？老天很公平，給予每個人每天都是二十四小時。因此，在時間安排上，如何挑出重點工作考驗判斷力。威爾許認為：最重要的是人，所以他的管理重點是花六〇％的時間在「發掘、考核、培養人才」，他信仰「人對了，組織就會對」。人才是策略的第一個重要步驟，優先於組織架構、策略。

他以兩個原則貫穿行事：「第一、管理者要關心人；第二、獎勵最好的員工。」他的部屬跟他報告時，他總會問：「你有沒有獎勵表現好的人？那些表現最差的有沒有趕快讓他們走？管理者照顧員工不該一視同仁，而是要把重心放在最優秀的人才身上。」優秀管理者的成功都是因為有一群好的員工將榮耀「反射」到他們身上，而不是靠己身能力去發光的主管。

多年的領導經驗，他看到主管們的兩大迷思——

迷思一：有些年輕的主管從學生時代就一直爭取自己的表現，等到進入職場，因為表現好被晉升為管理階級，心態卻沒有轉變為「因為屬下好，才讓我變好」，而樂於看到屬下鴻圖大展。

迷思二：有些高階管理者的管理重點在產品、價格、設計，忽略建立團隊才是重點，而沒在眾多人裡面「找到對的人，來管理人」。因此，績效需清楚，第一，所有人都要知道自己的績效表現位置在哪？第二，他們跟公司其他人的表現，比較起來又是如何？

威爾許的領導風格，顯然很不同於蘋果電腦創辦人賈伯斯，從不親力親為。他認為，執行長就是頭號的人資長（Chief of Human Resources），領軍找好人才：

「絕對是！（Absolutely!）」

威爾許剛當執行長時，找對人的成功機率是五〇%，後來是七五%。為什麼做不到一〇〇%？

他認為，即便有再豐富的經驗，還是會犯錯。也因此，他常跟人說：「你看，連我都只能做到七五%的成功率，你們有什麼好擔心的呢？」有的人怕丟臉，所以找錯人也不願承認，即便那個人表現並不好，留下這個人的原因只是因為不要喪失顏面。現實是，有些人是會跟著組織成長，可是有些人就是沒辦法。

他識人的成功率能從五〇%提升到七五%，是因為經驗。他透過反覆檢視，找到一個有效的發掘人才模式，後來變成自然反應。

這是威爾許獨有的天賦，還是所有的管理者都能如此？他說：「這就是你的任務啊！你就是要為公司各階層找到好的領導者，如果你知道找到對的人才就能改變公司，你幹嘛還要把時間浪費到別的地方去？」對威爾許而言，這已經變成一種生活方式。「想要看到最好的球員組成最好的隊伍，並且贏得勝利。你必須要想每天上班都是和最好的團隊工作。當你相信這些，你就會覺得整天這樣做是好的。」

「你給他們最好的工作、好的薪資、告訴他們做什麼，給他們自由，讓他們擁有全世界。你的工作就像撒下種子，你要給他們好的養分、水分，就能長出好的花朵，給得不好就長不出好的花了。人才就像種子。」

無獨有偶，Google前執行長艾瑞克．施密特也是以類似理念在管理。你認為，他在Google的重點工作是什麼？答案是「看履歷」，這是幾年前我在香港訪問他時的回答。他是加州大學柏克萊分校的電機資訊博士，改革過知名的軟體公司威網（Novell）。他到Google很重要的任務是，確保事情的源頭是對的：網羅全世界最聰明的腦袋進入。為了把這事做好，他們在全世界任何一個國家聘用的工程師，即便只是基層，都要經過他與兩位創辦人點頭。

有一天，Google創辦人之一佩吉（Larry Page）告訴施密特：「要預測公司成長最簡單的指標，就是看我們每個星期招募到什麼樣的人。」Google的成功方程式無他，就是贏在：「第一、找到全世界最聰明的人；第二、從這群最聰明的腦袋裡擠出智慧。」

在威爾許與施密特的眼中，管理就是這麼簡單，找到施力的槓桿點。什麼才是管理的槓桿點？威爾許、施密特認識戰國時代的思想家韓非嗎？真有意思，對照兩千八百年前的中國歷史，韓非講的治國之道：「下君盡己之能，中君盡人之力，上君盡人之智。」下君，等而下之的管理者，事必躬親，自己累得半死，部屬也怨聲載道；反之，有智慧的領導者，從源頭做對事，找來千里馬，授權信任，讓他們發揮，共享成果。

「盡己之能」，不正是威爾許所述，是年輕管理者的第一個迷思。他與「盡人之智」的上君，其差異在於：你是能適任的主管嗎？我所使用的動詞是「在乎人」。在乎，不是要當好好先生，不只是當一個關心、溫暖、像兄弟般的領導者，而是想要人們成長、成功的領導者。部屬可以感受到有一個關心他們的領導者，會知道他們的領導者不只希望生意成長，也希望他們成長。

領導說到底，就是四個字：「怎麼帶人？」韓非短短的十八字，道盡領導者的格局，無怪乎，秦王嬴政初讀韓非論述時，佩服地說，能見此人一面，此生無憾。兩千多年後，運用到現代管理都雋永。更有意思的是，兩千兩百年後，當東方遇到西方，兩位傑出西方企業家的看法與其相輝映。

成功關鍵，九〇%想失敗

我的採訪生涯中，二〇〇七年訪問華人首富李嘉誠的對話，影響我很深，受用至今。很經得起時間考驗的經營智慧，若干年後再讀，依然擲地有聲。

李先生創業超過一甲子，歷經兩次石油危機、亞洲金融風暴，企業橫跨各大洲五十國，員工數十萬人。他從未虧損過一年。他既大膽，又謹慎。因為曾經歷貧窮，因為看到很多人一時春風得意，一下子就變為窮光蛋。所以，他每次的關鍵一擊，都是步步為營而有的豐收。

他的名言是：**「世上並無常勝軍，所以在風平浪靜時，好好計畫未來，仔細研究可能出現的意外及解決辦法。」**當被問到成功關鍵時，他說：「想想你在風和日麗時，假設你駕駛著以風推動的遠洋船，在離開港口時，你要先想到萬一懸掛十號風球（強烈颱風警訊），怎麼應付？雖然天氣好，但是你還是要估計若有颱風來襲，怎麼辦？」他做決策時總是在思考最壞情況會發生什麼問題，因此，「往往花九〇％考慮失敗」。

全世界的華人首富，腦子裡想的，真是跟一般人不同。

他再三強調，一定要先想到失敗：「從前我們中國人有句做生意的話：『未買先想賣。』你還沒有買進來你就先想怎麼賣出去，你應該先想失敗會怎麼樣。我常常講，一只機械手錶，只要其中一個齒輪有一點毛病，你這個錶就會停頓。一家公司也是，一個機構只要有一個弱點，就可能失敗。了解細節，經常能在事前防禦危機的發生。」

他以作戰為例：**「軍隊的統帥必須考慮退路。例如一個小國的統帥，本身擁有兩萬精兵，當計畫攻占其他城池時，他必須多準備兩倍的精兵，就是六萬，因戰爭啟動後，可能會出現很多意料不到的變化；一旦戰敗退守，國家也有超過正常時期一倍以上的兵力防禦外敵。」**

這是布局，由他的四個理念「好謀而成、分段治事、不疾而速、無為而治」，環環相扣而成。

「好謀而成」是凡事深思熟慮，謀定而後動。「分段治事」是洞悉事物的條理，按部就班地進行。「不疾而速」是靠著老早就備有的資料，很多困難亦老早已盤算過。在沒做這個事之前，就想到假如碰到這個問題的時候，該怎麼辦？由於已有充足的準備，故能胸有成竹，當機會來臨時自能迅速把握，一擊即中。如果沒有主意，怎麼樣「不疾而速」（不急速前進卻能快速抵達）？「無為而治」則要有好的制度、好的管治系統來管理。

一場最漂亮的仗，其實是一場事前清楚計算得失的仗。

說人話

收到一則笑話。「話說甄嬛，上街買煎餅。她跟老闆娘說，這碎碎的一抹青綠，亂墜了丫頭的眼，平攤於日下，甚是沁人心脾。若忍心炙烤煎熬，蔫萎而焦灼，豈不辜負了？」讀到此，有誰了解這意思？

於是，老闆娘：「說人話！」

甄嬛：「煎餅別放蔥。」

收到這則笑話的當日，我在朋友家吃飯。桌上有一道滷肝連，席間，一位醫生不知肝連為何物，我們七嘴八舌地解釋給他聽。聽完後，他恍然大悟地做結論：「喔，橫膈膜，」此話一出，嘈雜瞬間靜默，繼之，爆笑沖天。正在咀嚼一塊「橫膈膜」的我，味蕾頓失，轉頭對這位很少吃路邊攤的醫師說：「下次，請說人話。」

肝連就是橫膈膜，但在不同世界，意義很不同。它本是器官，分開胸腔與腹腔的一圈體膜與外圈肌肉。因此，在醫生世界，橫膈膜是他們的人話；庶民世界，肝連則是我們的人話，是饕客的珍饈。

我吃了一輩子的肝連，從來沒想到這是豬的橫膈膜。想來亦有趣，當年不知是誰幫橫膈膜想出肝連的別名，可以想見，若硬生生將此名詞搬上菜單，誰敢點「橫膈膜」上桌。反之，身穿白袍的醫生們若在手術房如此對話：「這肝連……」你是否會嚇出一身冷汗。

說人話，談的是溝通。沒有人喜歡雞同鴨講，但為何常常上演雞同鴨講的溝通不良？

再舉一例。

有一年，擔任政府服務品質獎評審之故，我到訪某公務機構進行評鑑。搭電梯時，被旁邊的牆面給吸引。數了數，小小面積貼了七張大大小小的公告海報，分別是告知哺乳室位置海報、別性騷擾貼紙、禁菸標示……，五顏六色，簡直就是攤位林立的菜市場。若轉換成聽覺感受，是有一堆人拿著擴音器搶著發聲。

我很認真想一一了解每一張海報或公告的內容，但看了三張就沒耐心繼續。這一剎那，我開始好奇：「溝通者在張貼新公告時，可有慮及溝通效度？」當有人要在貼滿狗皮膏藥的牆上，再貼新告示時，為何沒有人動用「刪除法」，先撕掉舊公告（海報）？

這件小事，看到一個危險，多數的溝通者都處在「自言自語」的方式，以為只要說了，就會產生效果。每一位貼公告的人都覺得張貼在人來人往的電梯口效果好，就做了。卻未深思，公告已被淹沒，必須刪掉一些，才會有效果。這是低效率組織，常見現象「有做，就好」。未深究：「怎麼做，才有效？」

事情要推動，溝通者要花的時間，遠比自以為的時間還要更多，去理解他人，才說得出人話，進而發揮影響力。我們都以為自己在說人話，實則，說了不少他人不懂、不想聽的話。溝通有兩難：一、溝通者的自以為是，無法設身處地；二、這是藝術，沒標準答案。同樣一件事，因時、因地、因人，以及在不同情境與場合、與不同關係，都要細緻地調整溝通的方式。

因為一個腦袋一個世界，攤販與醫生的腦袋本來就是會不同，以各自的認知去理解世界。

溝通的障礙，既存在於跨領域，亦存在於企業內的跨部門、跨層級。讓我們試著「說人話」，說他人懂的話。

燈泡或發電機

這樣的心聲是多數人的想望：「希望成為組織裡的核心人物。」然而，你清楚核心人物與邊緣人的差異嗎？

最近收到一位朋友轉寄的一段話，恰好做了註解：「任何團隊的核心成員，都必須學會在沒有鼓勵，沒有認可，沒有幫助，沒有理解，沒有寬容，沒有退路，只有壓力的情況下，帶領團隊獲得勝利。**成功，只有一個定義，就是對結果負責。如果你必須靠別人的鼓勵才能發光，只是一個燈泡；如果你能成為發電機，去影響其他人發光，你自然就是核心！**」

你是燈泡或發電機？

燈泡與發電機描述的是一個人的心念，不是現在的組織位階。如果，你還在基層但已具備「發電機」性格，恭喜你，成為核心人物的日子不會太久。如果，你是燈泡，但已是高階主管，想想看現在工作是否疲累。

只有極少數人能天生在六個「沒有」（沒有鼓勵，沒有認可，沒有幫助，沒有理解，沒有寬容，沒有退路，只有壓力）下求勝，「天生的發電機」是特稀有生物。多數的「發電機」是後天學習而來，遭遇困頓後，而知之、而學之。組織的發展有開香檳的時候，但很多時候是處於披荊斬棘、沒有奧援與退路的過程。有人因為聰明，一時或可勝任，但心理素質不夠強，會越來越辛苦。經營企業越久，我對這部分的感受越深。

人在絕處與困境時，恐懼、沮喪、放棄、負面情緒一湧而出……我也是。只是，慢慢地理解到，必須有能力駕馭這些「情緒野獸」，理解到我的人生不想被這些「情緒野獸」綁架，理解到我是要為結果負責的人，更理解到沒有人必須前導，我要學會自己照亮路。

有了上述理解，我也開始省思，轉型企業需要的人才，以及我以前用人的盲點。以前，我判斷人的重點都是在學歷經驗，也就是冰山上的外顯條件，忽略冰山下，更龐大的那塊內隱條件：個性、心理素質。那時候，根本不會想分辨此人是發電機或燈泡。就算想，也沒能力分辨，原因無他，外顯條件容易分辨，內隱條件很難看得深。冰山下的那塊，目測無法得，卻是影響一個人未來的關鍵。

問問自己：「你必須靠別人的鼓勵才能發光嗎？」再問問自己，是否願意：趁年輕，建立六個「沒有」的人生心態，成為一部發電機。

能大能小

有一位剛從美國回來的朋友，想創業、想當老闆。我給他的建議是：能大能小。意思是，既有遠見，又要有執行力。能看到未來，並且能讓事情發生。

相對於「能大能小」的理想境界，有兩種對應的管理模式，其一「能大，不能小」，其二「能小，不能大」。

管理模式之一「能大，不能小」，通常發生在男性領導人身上。因為，不耐煩細節。於是，雖看到遠大與美好的商機，但，事情始終沒發生。經營事業，沿路走，沿路丟三落四，最後事業還是不怎麼樣，這叫大而無當。沒有完美的領導人，因此這樣性格的領導人要懂得搭配「耐煩繡花」的副手，一針一線扎扎實實縫製，也就是能讓事情發生的人。

不只是要懂得搭配，還要懂得欣賞。看大方向的人，不耐小節，自然也不太看得懂細節的價值，所以身邊縱然有這樣的部屬，也沒有讓對方感到受重視，論功行賞時也未給予適當的對待，最後無法久留。

管理模式之二「能小，不能大」。這種管理者，通常被部屬私下認為是「科長型」領導者。事事插手，授權不足。這種管理，如果沒有大方向的引導，會淪為小鼻子小眼睛，團隊的士氣不振。這種性格的領導人通常比較難帶動有才氣且有脾氣的部屬。不過，在高風險，或高細膩度產業的領導人，必須具備「能小」的特質。在高細膩度產業，他們能賺錢就是因為能處理細節，能夠把產品（或者服務）做到完美，無人出其右；在高風險產業，如果一個細節沒注意，賺了一百億元，一閃神，瞬間泡沫的例子，俯拾皆是。這種性格，也適合行政或幕僚單位主管。

最後回到「能大能小」。這不容易，很大的歧異出在不同領導人對「能小」的定義，而展現殊異的管理成效。你認為，一家公司領導者要親自參與廣告文案的討論，甚至定奪照片的挑選嗎？大多數人覺得：「不該，這是授權不夠。」然而，大多數人的認為，可能與事實不符。十幾年前，蘋果電腦推出的經典廣告「Think Different」（不同凡響，以約翰．藍儂、愛因斯坦、甘地的黑白肖像為表現主軸），深刻烙印在美國人心中。因為創意、文案、照片的強度，產生跨世代的震撼。當時，賈伯斯在這過程的角色，是執行長，更是照片調度的執行者、文案的修改者。如果沒有賈伯斯，這系列的廣告不會如此經典。他在關鍵的小事，吹毛求疵，把關到極致，這是為什麼蘋果電腦現在能成為全世界最有價值的公司。

執筆賈伯斯傳記的華特．艾薩克森（Walter Isaacson）說：「有些企業領導人高瞻遠矚，因而能推動創新；有些則是掌控細節的大師。賈伯斯兩者皆是，他對於創新與細節永不鬆懈。」這是一段很經典的評論。

心中之尺

心理學者凱文．李曼（Kevin Leman）在其著作《發現你的利基（*The Real You*）》提及一例：「一位大學畢業生A寄出五十份履歷，沒得到任何面試機會，他一一到沒有回應的公司拜會，結果得到五個工作。另一位畢業生B寄出三份履歷，也都被拒絕，但他放棄找工作，在父親的公司擔任基層員工。雖然，這職務對他是大材小用。」為什麼遭遇相同，兩位畢業生選擇迥異？

人各有一把「心中之尺」在影響自己的決定與人生。李曼博士探索畢業生A遇到挫折後的內心世界：「我一定可以找出辦法，別人說我不能做什麼，我就更想做給他們看，證明他們是錯的。」對這樣的人，遭到拒絕不是阻礙，而是一股刺激前進的力量。反之，畢業生B的「心中之尺」是：「每次我伸出觸角就會被砍掉，被拒絕令我痛苦，所以我不想再嘗試。」

「心中之尺」的刻度如何形成？李曼的觀點是：「對兒時的回憶、所受的教養、出身排行的回應。」兒時的回憶，如何建構，進而影響人的一生？站在醫院嬰兒房前，看著一張張天真粉嫩的臉龐，豈能想像，若干年後，有人是殺人犯，有人成為總統。

心理學大師阿德勒（Alfred Adler）的經典之作《自卑與超越（*What Life Should Mean to You*）》說，在生命開始第五年，兒童已醞釀一套獨特而固定的行為模式，對付問題，奠下「他對這世界和對自己應該期待什麼」的深層概念。以後，他經由這統覺系統（Scheme of apperception）觀察世界，詮釋遭遇。

譬如，童年的不幸，不同人經由自己的統覺系統，會賦予迥異的解釋。長大後，A的反應積極正面：「我必須改善這種環境，避免下一代受同樣的苦。」B則忿忿不平：「生活如此不公平，他人占盡便宜，我何須善待他人。」C的態度則是：「由於童年不幸，我做的每件事都是情有可原。」同理，富裕之家雖然未必都出敗家子，但因為這樣的父母對金錢態度類似，在不知不覺中影響下一代心理的統覺系統，所以確實容易產生拜金子女。除非，父母對金錢很有自覺，且很有意識地處理。所以，影響人生的關鍵，不是家世好壞、學歷高低、遭遇如何，而是五歲開始成形的統覺系統。統覺系統，可視為每個人認定的生活意義。有人處處感受挫折，他的生活意義是保護自己以免受到傷害，把自己圈起來；有人則認為生活是富創造性的歷程，因此，他對同伴有興趣，會想對人類幸福貢獻自己的一份力量。

領導要兼學：術與心，管理學院重視「領導術」，這顯然不夠。人類的心理世界，每個人自成一個國度，對於其他國度（其他人）的了解植基於自己的寬度。一旦理解不足，認識也會扭曲。譬如：果決，會被認為是霸道、急促；圓融，會被解讀為優柔寡斷。心理學的探索，能擴充對人理解的廣度與深度。

這不但是對他人，也有助於自己。

受與擔

最近與一位職場新鮮人談工作，他對於「被資深者指正」不開心。他用「被罵」、「被塞工作」來形容自己的委屈。我不清楚他們具體的互動，無法評斷誰是誰非，究竟是資深者的蠻橫或年輕者的無法勝任？只感覺到他的情緒：忿忿不平。那一刻，我腦子裡，忽然蹦出一個字：受。

受，這個字在甲骨文的構成上，是兩隻手，代表接受與運送。在職場上的「受」，代表心態的開放，這不容易。年輕時是一張白紙，要盡力讓自己成為「都可以」的人，對任務不挑東揀西。在職場的初始階段，最重要的三件事：聆聽、放空、接受。在順序上，要先能聽與放空，才會虛心「受」。

到有一定資歷後的功課是「擔」，一肩扛起。越高位、越資深，責任大、壓力大，人格特質的全然展現也在此時。

擔當，包括兩層意義——

一則，自己犯錯或部屬出錯，都能概括承受，不推諉，做有肩膀的主管。我碰過一位工作者，邏輯強又聰明，各項條件都不錯，是同儕中的明日之星。但惋惜他擔當不足，特別在碰到壓力時會縮起來，這是帶兵打仗的大忌。這樣的人做不了將軍，道理很明顯，沒有人願意跟隨。

第二層意思，組織有難時，願意慷慨承擔，不計算個人的得失。這種人很少，但是能擔大任者，也是能獲得信任者。同林之鳥，大難來時都各自飛，更遑論組織下的個人。這種擔當，是氣魄與格局。

人，在年輕時，要先學「虛心受」，未來的進步必不可限量；進入第二階段，就考驗能否「擔」。一位「能受、能擔」之人，是組織少有的將才，這樣的人如果還久久被埋沒，這老闆八成是瞎了眼，不跟也罷。

第三階段是「見山還是山」，再回到「虛心受」境界，有料但不張揚，如一個內斂的包子。「受、擔、受」，職場心態三部曲。

包子學

「Frank，你兒子叫什麼名字？」

「包子！」

開玩笑吧，這麼土的名字？

他認真地點點頭，解釋「包子」的學問。「包子與蛋糕有何不同？」包子不以五彩絢麗取勝；「包子與饅頭有何不同？」外觀看似平凡，但有餡。他對兒子的期許，做人要學包子，勿華而不實，但求內斂有料。我從來沒從這角度看包子，這位留美、在外商公司打滾多年的朋友所體悟的「包子學」，著實有意思。

包子學，談的是鋒芒不外露，藏鋒。極困難處在於，要收斂自己，不放肆鋒芒。因為我這部分的修養不足，所以特別欣賞具此特質者。

這讓我想起一位執行長朋友Sophia。她管數百億營業額，事業範疇跨到對岸、歐、美，家世亦好，但為人就如包子，謙遜而內斂。我對她印象很深刻的一次是，受邀參加她前公司ＩＢＭ全球執行長論壇，同行尚有數位企業人士。大家的英語程度不一，但在國際場合也不好意思多說。論壇首日，只見她貼心地幫每個人拿翻譯耳機。為了化解尷尬，她率先戴上耳機，並說，這專業度很高，沒翻譯，真聽不懂。我暗自佩服她的謙遜與智慧。她是外文系，在外商公司這麼多年，論壇探討的是她們公司關注的焦點，她怎麼可能需要翻譯耳機。但，她彎腰藏鋒。

收斂利刃，可不是鄉愿。平時，該怎麼處理人與事，她是清清楚楚。

我欣賞她的有料與內斂，這是一次次與她接觸後，逐漸有的認識。後來，我們從公務關係發展為朋友。某個週末一起吃飯，她談到，居上位者要懂得「慢」與「讓」。讓，是器度。我忍不住問她：「你的修養始終這麼好嗎？」她搖搖頭：「那可不是，我是吃炸彈長大。」我難以想像年輕氣盛時的她。她說，這些年，管理、婚姻、歲月、宗教，將個性的利刃磨得樸拙。

人，誰無這些歷練，但多數人還是饅頭，有的人則成蛋糕。「蛋糕」耀眼，容易成為明星，是現代職場的顯學。

不過，我欣賞「包子」，也喜歡跟「包子」交朋友，他們像一本書，一本永遠讀不完的書。

大佛與石階

近年，在台灣最讓我感動的建築莫過於「老英格蘭」莊園，如此之美、雋永。走進這幢建築，有一種奇妙的魅力，人不自主舉止優雅。真沒想到，在台灣看到有人能蓋出一座五百年前、英國都鐸王朝（House of Tudor）的古堡建築。其挑戰在於要還原諸多古老的工法，即使在英國都困難，更遑論在台灣。「老英格蘭」的主人大羅，是傻子、瘋子與藝術家的結合體。不傻、不狂，不會費時九年挑戰如此高難度建築，不會於銀行緊縮銀根時仍一意孤行。職業軍人退役的他是古堡的建築師，也是興建工人。他不在乎身上那件平價襯衫到底穿了多少年，全心於建築的一曲一線，不惜一再打掉重做。

探索無人之路，他親手畫設計圖，一張又一張，他是建築師，也是工人，更是老闆。資金短絀時，自己搬磚頭，不變其志。黑夜漫漫，大羅曾經極度孤獨與挫敗，完工的時間一年拖過一年。他不願妥協的創作性格，讓自己陷入困境。

我問大羅：「人生何苦如此？」他說起夢想，想在台灣留下一座建築經典的飯店，可以傳世，一如歐洲的百年飯店。如此澎湃的初衷，出於一位拙於言辭者、自學者。那一刻，我的心也激動，想把他的故事寫下來，記錄一個夢想的追尋。一度，他退縮到不想見人。

此時，忘年之交、雕刻大師朱銘以一則寓言相贈：

「在深山裡，石階對石菩薩長嘆一聲：『兄弟，我們都是大理石，為何命運如此不同？你被萬人膜拜，我卻被萬人踐踏。』石菩薩不疾不徐地回應：『當然如此。因為，過程不同，結果當然不同。我是被千斧萬鑿，才成一尊佛像。你只被兩刀砍，就哀哀叫，現在當然只能被萬人踩。』石階默然。」

「老英格蘭」落成後，我跟大羅說：「我以認識你為榮」，他靦腆地笑了。他讓我見識到夢想的力量，夢想可以讓人不平凡，拔除荊棘，屢倒屢起。

他也讓我想起英國作家保羅．亞頓（Paul Arden）所說：「別管自己有多少能

力，想一個不可能做到的目標就對了，想一個你希望成真的美夢。世上沒有不可能的事。重點不在你多優秀，而在你想多優秀。（It's not how good you are, it's how good you want to be.）」

小三與小四

現在「小三當道」，我家亦有，而且不只小三，還有小四。不過，此小三非彼小三，我家小三乃是一隻拉布拉多狗，小四是雜交土狗。家裡已有犬子二人，數年前又陸續增加兩隻狗兒子，按排行是第三、四個兒子，因此起名小三、小四。

兩隻狗個性迥異，小三沉默寡吠，優雅的貴族；小四野地戰士，一隻螞蟻經過家門口，牠都要狂吠。隔壁鄰居夜歸，干牠何事啊？也吠。日日夜夜，聲音都喊啞了，朋友到我們家聽到這隻「燒聲」的狗都覺得納悶，以為牠感冒了。

兩隻狗放出去，小四傍晚就自動回家，但小三是出門就迷途。搞得我們每次都要千里尋小三，找怕了，也就不敢放牠自由。天氣好，狗鐵門一開，我們只敢放有自律能力的小四出去。小三必須在有人拉著繩鏈下，才能出門。縱然有繩索拉著，我們必須使出拔河的力氣才能跟得上牠亂竄。而且，牠一旦力氣耗竭，就賴皮攤在馬路上不動，拖不動只能抱，要兩個大人才抱得回來。你說，怎敢帶牠出門？有一次，牠趁隙溜出，幾天未歸，我們費了很大力氣才找到被野狗咬傷而動彈不得的牠。小三渴望自由卻不可得，因為牠一出門就會玩瘋，一玩瘋就忘了歸途。遇險，又無力逃脫，以致無法獲得自由。因為無法自律，也就沒有自由。

反之，小四跟著主人出門，不需要繩索，牠像一輛前導車，走在主人前面一百公尺處，主人慢了，牠就停下等。主人臨時想改變路線，喊一聲，牠火速掉頭。散步回來，主人想關牠，牠就乖乖進狗門。如果，牠不想被關，就會跑遠，但過一會兒，會回來離家門口不遠處守著。守家，是牠認為的職責。

你是職場上的小三，還是小四？現代人都很不喜歡被管，然而，在職場上爭取不被管理的自由，有一前提：能搞得定事情，不讓他人操心。簡言之，自由的獲得，是自律的付出，這是職場上的潛規則。你在工作上自由嗎？如果，是，恭喜你。如果不自由，可由源頭檢查自我的管理能力。

冒牌貓

鄰居送我們一隻波斯貓的極品，金吉拉貓。蓬鬆長毛、大而圓的雙眸，氣質高貴。牠慵懶地提起毛茸茸左腳揉眼睛、伸出粉嫩小舌頭的模樣，迷死人。

在貓的國度，牠「國色天香」；在人類世界，牠備受寵愛。牠的前主人為牠準備的寢具、項鍊、餐具、飲食，定期到美容院保養……讓我們大開眼界，也依樣畫葫蘆。有一天，我假想牠每天吃一樣的貓食，必定無趣，心血來潮拿魚頭餵牠。身旁的聲音緊張地說：「小心一點，牠會被刺梗著。」我沒好氣地說：「牠是貓，舌頭有倒刺，不怕。」美食來了，盛著魚頭的碗靠近金吉拉。怪了，牠竟然一眼也不看就轉身，我二試三試：「這是魚，你知道嗎？」金吉拉優雅地玩著身上的銀灰毛，沒理會。

幾天後再試，金吉拉依然不為所動。**看來，這隻金吉拉真的不識魚。我不解地端詳牠：「養了你這麼久，難道你是一隻冒牌貓？」牠的樣子像貓，但飲食習慣與習氣都不像貓，反而像狗一樣黏主人。**

這是後天飼養發生什麼問題，讓這隻貓的天性因而消失？

應無疑問，主人是「肇事者」。

不知不覺中，我們把貓養蠢了、養嬌了，把真貓養成冒牌貓了。我們擔心貓吃魚會被刺梗到，所以不敢讓牠嘗試，久而久之，牠也不懂吃魚。我們擔心牠會跌傷，高處不讓牠去，有一晚，牠爬到鷹架上，不會下來。我們用人類的眼光，設想牠會如何，處處保護牠，忘了牠是一隻貓，有貓的天性與潛力。久而久之，牠的潛力被我們的太多設想給限制與制約，貓不像貓了。

唉啊，我們是什麼樣的主人。

我上面陳述，你是否覺得似曾相識，場景轉換到辦公室。我們經常會聽中階主管講一句話：「教半天還不會，自己做比較快。」或者：「他還不熟，我來處理。」「幫」部屬容易，「教」（Coach）部屬費時、費事。教，之所以難，在於主管必須懂他，了解他為何不會，用他能吸收的方式，讓他會。所謂「方式」包括：輪調、讓他自己做中摸索錯誤經驗、外訓，因人的資質與因學習階段而異。沒有捷徑，管理者必須用心，必須耐性。

如果你是好心、善良的「直升機主管」，要適時縮手了。你的慣性會在不知不覺中，制約部屬的當責、潛力。

危險動作C.C.

之前，一位朋友跟我說，他曾經做過一場「如何有效率發E-mail」的演講。我當時覺得有些驚訝，這種小事，誰會想去聽演講？不過，最近對此倒有些感觸。

E-mail太方便了，取代部分電話溝通、會議溝通、簽呈溝通的效能，不過也衍生大批的無效垃圾郵件。很多人在發信時逐漸不太用大腦，按一個鍵，不管三七二十一的對象，都C.C.（副本）出去了。所以，我們每天接收到的郵件中，有不少其實是無謂的。一個個不用大腦的發信者是造成企業內垃圾郵件充斥的元凶，他們的武器叫做：C.C.。

追根究柢，發信者沒有想清楚：溝通目的、溝通對象。這說來容易，但是，我看到即便工作十年以上的人在開會或發E-mail，有時也不盡然清楚真正想解決什麼問題，因此，無效率的會議與 E-mail 反覆進行。

靜下心想一想，我們有時候的忙碌，有多少是因為反覆進行無效率的溝通而不自知。

企業內常見的溝通目的，我粗分為：一、討論（譬如動腦會議，或者想集思廣益形成共識）；二、請求同意（對主管溝通）；三、尋求協助（對上，或平行單位）；四、布達（宣布結果）；不同的溝通目的，除了應採取不同的溝通形式（會議、報告、E-mail），也應搞清楚誰該參與或知悉。

譬如，哪些事情該拿出來討論，形成共識，以免一意孤行？什麼事情直接請求你的老闆同意就好了，何必在會議上討論半天耽誤大家時間？哪些事情該要布達，卻未布達，以至於新辦法的制定未能全力推動，多數人還在循舊路而行？還有些，事情已進入布達階段，主事者還任大家品頭論足（因為在討論階段草率進行），於是推翻布達，重新來過。上述陳述，你是否似曾相識？

現代人的忙碌大概有一半是自找的，因為沒釐清溝通的目的，沒想清楚自己到底想解決什麼問題，攪和成一團。

釐清溝通的四個目的，這是一個思路訓練。

每次按下電腦鍵盤的時候，停頓一下，沉澱一下你的思緒。究竟是：要集思廣益？還是要請求同意？或者需要協助？抑或已進入布達。每次的沉澱思考，會有助於我們釐清脈絡，杜絕繼續瞎忙。

失去眼鼻的主管

有一天晚上，多數同仁都已下班，我走到事務機器區碎掉一些廢紙。沒人協助下，我笨拙地將一張張紙放入碎紙縫，但一直卡住，要不數量超過，要不釘書針沒拔。一個平常還算聰明的腦袋處理起庶務竟像一個遲緩的恐龍。

靜靜的，我端詳著它們——我曾經非常熟悉、一天要用上多次的「老朋友」。記不得多少次，夾紙時，我又氣又急地穿著高跟鞋徒手鑾鬥、奮力救紙，狼狽歲月彷彿昨日。說老朋友，是一種很複雜的陳述，它們喚起我在基層工作的回憶。「嗨，好久不見，哥兒們！」我在心裡輕聲打招呼。

擔任總編輯之後，事情與電話已多到快爆掉，於是有了祕書分攤行政庶務。祕書貼心細心能幹，這是我的幸運，我卻也越來越依賴。我跟很多主管一樣，從黑手開始，然而，隨著職務變化，動腦的時間越來越多，動手的事越來越少。於是，離現場越來越遠，離第一線的同仁也越來越遠。所有的高階主管都會面臨一種情境，管理幅度大到已無法用眼球管理，此時，必須學會更上層樓、更宏觀，以數字分析與管理報表協助決策。這是一個微妙的轉變，領導者若在這階段轉不上去，格局就卡在這裡。陷阱也在此，當越來越習慣報表管理，很多領導者逐漸忽略現場的重要。於是，關在高高的雲端做決定。殊不知，到現場，才是一切的根本。一個沒有現場感的管理者，無異於失去眼、鼻。

何謂現場？現場在哪裡？做業務主管，現場就是消費者，就是市場。做行政內勤主管，現場就是所服務的同仁。做產品的主管更是不能離開消費者閉門造車。管理者的事情多，然而挑戰也在於：走到現場與報表管理之間的平衡，分寸拿捏。最近，接到一位主管的簡訊，他說，今年的計畫之一就是，不論怎麼忙，每週要出門一次。看似簡單的決定，卻寓意深遠，這是對急事與重要之事的重新排序。

那晚離開公司後，想著兩件事：「一、我遠離現場有多久，做出多少已脫離現場的決策但不自知？二、如何將有祕書或助理變成減少行政庶務的優勢，而不是讓自己變成庶務低能的主管。」終究，我們都是先成為一個個人，才能成為主管。

請問，發票要開統編嗎？

我不是一個耐煩的人，特別不太耐煩一件事情要說好幾遍。有一次在外用餐，大大考驗了我的耐心底線。

那是一家江浙館子，吃完飯後，賓主盡歡，準備埋單結帳。一位服務生走過來照例詢問，「請問，發票要開統編嗎？」我回說，不用。他了解，隨手收了盤子離去。過了一會兒，另一個服務生過來問同樣的事：「請問，發票要開統編嗎？」我再回答一次，不用。那頓飯，我是在被問了四次後，才拿到那張「沒有統編」的發票。真是，千辛萬苦。

這家知名餐館的作業流程怎麼了，為何一件小事要交代四次才能搞定？

當然，被問四次是比較極端的例子。但是，被問兩次「發票要開統編嗎？」是常有的，即便五星級飯店也不例外。還有情況是，在電話訂位時，已告知結帳時候要開「有統編的發票」，並且告知號碼。但實際用餐時，這樣的訊息在工作人員間（受話預約者與實際接待者），無法落實交接，八〇％的情形還是會被服務人員問一次：「發票要開統編嗎？」

我的好奇在於：組織內，存在多少重複發球之事？為何重複發球之事無法避免？前人才發過球，後來者竟不察，又再重複動作。這是因為：一、服務人員像「被設定好的機器人」，客人用完餐後就會自動吐出這幾個字，程式很難重寫。還是，二、老闆忽略管理細節的落實；或者，三、內部作業流程沒有ＳＯＰ化，服務人員管區與動作沒清楚拆解；四、雖有規定，但凡事差不多的工作態度。

偉大的管理來自一連串的細節，有了一連串的細節，企業的管理才會精緻化與深度化。我常說：「做事要複雜化，做人要簡單化。」亦即，事情要規劃得綿密，成功機率才會高；但，對人，心思要單純化，不要太多政治與揣測。可惜，很多人或組織，常常把這兩個重點顛倒了，用錯力。

我的經驗是，「事前複雜，事後就簡單」，大量避免常常救火，急事不斷。

Delete垃圾流程

讓我說一個長途跋涉的事件。

某天週一，公司有主管會議。A因病無法出席，但沒直接跟會議主持人（鄙人在下我）溝通，而是在週末傳簡訊給B，央請代為請假。但沒想到受請託的B臨時有事也無法參加會議，於是請他的祕書C代為請假。C盡責地將請假簡訊發給我的祕書D。但她沒想到，D當天也生病請假。於是D將這則簡訊傳遞到我的手機。經過三次轉寄，A轉B，B轉C，C轉D，這下，我總該收到請假訊息了吧？答案是，沒有。因為，我當天忘了帶手機出門。

我週一回到家後，打開手機，才看到這則「流浪」了大半圈地球的簡訊。本來是一次溝通就能解決的事，卻透過四次的轉寄，耗費多人時間，最後還是沒達到溝通目的。

這是偶然事件嗎？再跟各位報告另一個驚人的「旅行紀錄」。話說，有一位讀者大概是看了我的專欄有所感觸，於是寄信到《商業周刊》官網。一封很簡單的信，客戶服務組的A同仁收到後，將信E-mail給她的主管B。由她的主管跨部門寄給編輯部的窗口C。這位編輯部窗口收信後，再把信轉寄給我的祕書D，然後我的祕書再寄給我E。一、二、三、四，經過四次的「傳字條」接力，收寄、收寄、收寄……信終於抵達目的地，我啼笑皆非。

很諷刺，大家顯然忘了，我們所使用的工具叫做電腦，它能夠一對多溝通。現在人在使用先進的電腦工具，卻留有紙本作業時代的習氣，把E-mail當紙本在溝通。徒增溝通的程序，而且浪費這麼多不相關人的時間，這是組織內的垃圾流程。

每個人在不經意下，製造了組織內多少的垃圾流程？

事情可以不同的。首先，檢視我們的溝通習慣。數數看，我們一天的工作時間是如何溜走？是否在不經意中，我們反覆地成為「被傳字條」的人，或讓他人成為「傳字條」的人。其次，改善我們的溝通方式，每一件事情直接對當事人，同步

C.C. 相關人。第三，當你變成「被傳字條」的人時，請舉起拒絕的牌子，讓「傳字條」動作終止於你。

Delete 組織內的垃圾流程，戒掉「傳字條」的習慣！就從現在開始。

一顆單純的心

一顆單純的心，能面對所有的複雜，能將路走遠。

讓我以一位八十歲老人的故事開場。老人是我父親，他在新北市汐止有一幢老房子，以前，這房子的租金是我們家孩子的學費。後來，是他退休的生活費。老房鄰近一處菜市場，所以有一些流動人口可支撐它成為店面。近幾年，它被一位房客租下來成為藥局。但後來流動人口銳減，藥局的生意受到波及。

某一天，父親撥電話給這位房客，主動將每月三萬元的房租降為兩萬元。合約簽五年，白紙黑字每月三萬元。但老人家說，年輕人創業維艱，就讓他想起自己從大陸孤身來台的辛苦，說著說著就哽咽。房客愕然：「真的還是假的，詐騙集團嗎？怎有主動降價的房東？」打電話給我們，求證真偽。

我們五姊弟這才知道父親的舉措。「好好的，為什麼要搬磚頭砸腳，每月房租少一萬元？」我們覺得很不妥，認為父親沒必要把自己退休後的主要經濟來源硬生生減三分之一。有人主張私下打電話給房客翻案。但幾經討論，最終沒有打出那通電話。這畢竟是父親的房子，我們一致決議，不論他是否失智，他都有權利決定房租的金額。

這個單純的心，竟有意想不到的回報。沒多久，二〇〇八年全球爆發金融海嘯，很多店家關門倒閉。但我們的藥局房客就因為房租成本的銳減，在風雨中倖存。父親的一念讓利，讓事情有了雙贏的結局。我們雖然每月收入減少，但月月有收入，不會閒置資產，空在那邊半年、一年，不知何時才能找到下一位房客。父親的良善更讓我們與這位藥劑師房客成為朋友，在父親臥病後期，她成為我們諮商病情的顧問。

這故事給我很大的啟發：誰才是贏家？拿著算盤時刻不離的人，還是以一顆單純的心待人者？

再說一位二十幾歲年輕人的故事。

安妮主管跟我談起一次奇特的招募經驗。那次招聘面試結束後，覺得此人不錯，擬任用，因此展開資歷查核的例行任務。核對後，那天，她也不知怎的想再多核對一份對方曾任職工作。好一個心血來潮！第一個任職單位的查核沒問題，但第二份工作的查核蹦出意想不到的結果。該員曾任職的這家外商公司回覆：一、此人之任職不是所述三年，而是一年；二、職位亦非所述「資深」專員，只是專員。亦即，有兩項不符。

該員怎麼也沒想到有人會仔細核對他的履歷。一如，我們實在想不透他為何要在枝節上造假。

首先，將資歷誇大。多冠上「資深」二字，這有多大的美化意義？大概多拗不了一、兩千元月薪的事，為何要鋌而走險。再者，一位在職場打拚數年的工作者，怎會連資深專員之職都無法有，要靠謊言。

我們自不敢用誠信有問題的人。回到初始，如果當初他在履歷上是忠實呈現，以一顆單純的心，即便只是專員、只在外商待一年，也無減我們對他的肯定。但一個謊言，毀了一個信任、一個原本可得的工作機會，甚至前途。這叫弄巧成拙。試想，一個履歷都敢造假的年輕人，他會有多少灰色地帶，有哪家公司敢用？夜路走多了，豈會一直沒事？就公司立場，我只能說，很慶幸，安妮主管當天的意外之舉，讓我們沒誤用一位誠信有問題之人。

一顆單純的心是重要的，不論你是二十歲初出社會的年輕人，或八十歲的老江湖，能始終如一，則哪裡都走得通。反之，失去這張隱形通行證，哪裡都走不遠。

After the Game is Before the Game

我最近這趟旅行，同行有一位德國學者。當德國人與台灣人一起旅行，話題會是什麼？我恭賀他，德國拿到這次世界盃足球冠軍。他解釋德國的勝利：「沒有傑出的球員，但有一支偉大的團隊。」從德國人的角度，他不解，每次發生重大公安災難，為何台灣總陷入相互指責的泥淖，而非討論未來。

他提起，為德國贏得第一座世界足球冠軍的教練塞普·赫爾貝格（Sepp Herberger）的名言：「After the Game is Before the Game.」每一個結束，正是另一個嶄新的開始，往前看！

赫爾貝格最經典的一段是「伯恩奇蹟（The Miracle of Bern）」。一九五四年的世足賽在瑞士伯恩舉行，總決賽是德國與匈牙利對決。當時的德國仍在二次世界大戰後的戰敗沮喪，足球實力不值一提。匈牙利則被視為「地球上最強大的足球隊」，不但是奧運冠軍，更在過去五年間連勝三十二場，沒吃過敗仗。很明顯，這是一場實力懸殊的冠亞軍賽。賽事一開打，德國隊就落敗兩球，一如外界的看法。但在劣勢下，德國球員不被落敗的負面情緒框住，而把每一刻都視為「嶄新的開始」，不但連追兩球，最後六分鐘，再進一球。全世界都傻眼，德國以「三比二」逆轉勝，創造歷史。

不可能的勝利「伯恩奇蹟」不只是一場球賽，更鼓舞德國深遠，讓德國人從二次世界大戰戰敗國的喪氣中再度抬頭挺胸，形成集體的樂觀主義。教練赫爾貝格的領導理念成為德國人的典範，形成「勤勉、團隊合作、紀律、服從」的德國文化，奠定二次大戰後的德國成為經濟強國的軟實力。歷史學家因此將伯恩奇蹟形容為「聯邦德國的真正誕生時刻」。

反觀匈牙利隊，該贏未贏，球員回國後處於被清算的政治與輿論氛圍。幾年後，世界最強足球隊逐漸瓦解，球員紛紛投效西班牙等他國。

留下「After the Game is Before the Game.」的赫爾貝格征戰賽場幾十年，看透競爭，有了深入體會。這句名言流傳半世紀，已不只是球場智慧，更是人生、治國的經典。

只要不輕言放棄，每一天都是新局。

談天地

人生智慧，不為結果所苦的智慧。

你還在為果所苦嗎？

別浪費時間了，趕緊收拾情緒，轉移焦點，

把精力放在新的成因，醞釀新的果實吧！

逢山遊山，逢水玩水

「大直若曲，目的既定，逢山遊山，逢水玩水，遇石暫歇坐，遇樹且納涼。」這是篆刻家小魚的一段話，這是他系列印刻的一枚印章「大直若曲」的註解。瀟灑數語，力道深厚。

過年期間，一位老友寄來這段文字問候，沒有「恭喜恭喜」的鑼鼓聲響，但像一位老和尚敲鐘直入我心。我把它寫下來，咀嚼再三。這是何等境界？能夠逢山遊山，逢水玩水，遇石暫歇坐，遇樹且納涼。人生走到中年，回首看這段文字特別有感觸。

我的筆拙，不敢班門弄斧，但生活中有些輝映與體會。生命旅程，何時會被險峻、大川橫阻於前？甚而，會碰到幾座高山？誰都不知道。往往以為翻過一座，誰也想不到竟然還有一座更高的在後頭。或者，以為湍流已過，誰知還有險象環生的瀑布。

之前，一位職場前輩的舞台被搬走，沒了鎂光燈。年紀到了，被認為該謝幕下台，但一輩子燦爛的他不甘心。是的，這是人性。

另一位朋友健康檢查時忽然發現，自己罹患癌症。她是朋友眼中的十全女人，什麼都有，樣樣輕鬆，沒料到中年青天霹靂。面對處境，認真控制病情後，她遇石暫歇坐，減少應酬，調整作息，努力爬山，生命轉彎到另一處。如果不是「健康高山」忽然橫亙在眼前，攔阻了她生命前進的速度，她是不可能正視這問題。

生命功課最難的是，隨遇而安。

聽過韋恩（Ron Wayne）與蘋果創辦人賈伯斯的故事嗎？現在靠領政府救濟金過日子的韋恩，是一位被遺忘的蘋果創辦人。他當年選擇以八百美金賣出一〇％持股，如果他沒賣，這部分蘋果股票價值現在可是數百億美金。「後悔嗎？」他沒有。「假如我一直待在蘋果，我或許早就成為整座公墓裡最富有的人。當時我是產品開發工程師，我不願意自己未來二十年的歲月在文件裡耗掉，我有自己熱愛的事物。」現在，賣掉股票的韋恩還活著，但擁有巨富的賈伯斯走了。老人錯過成為億萬富翁的機會，但豁達過日子。

我們期待，該上戰場時候，無懼色。但有人穿著戰袍，畏畏縮縮；我們期待，該卸兵甲時，不戀棧。但有人不想脫下，徒留遺憾背影。大自然的「山、川、石、樹」，想想，不正是我們生命中的勝利與挫折。生命的所有遭遇，最難的是，「面對它、接受它、處理它、放下它」。

生命中該恭喜什麼？若能達此境界，真是大喜。

菩薩重因，眾生重果

一位友人最近半年陷入業績低潮，上班不起勁，做決定也失去自信與準度。情緒不斷影響他對事情判斷的清晰度，更影響到下決策的品質。他陷入低潮拔不出來，否定自己，否定他人，惡性循環。

他的困境不在於陷入低潮，而在於鑽牛角尖，拔不出來。而拔不出來的關鍵在於：無法面對結果，無法收拾情緒。

我們是人，又不是神，因此皆有情緒。看到不好的結果，當然情緒不好，難過、憤怒、沮喪、退縮、怪罪。情緒一波波來，像大浪潮，越攀越高。人就成了洩了氣的皮球，越來越沒氣，縮在角落。所有人的挑戰都在於如何收拾情緒，花多久時間收拾。「這些情緒，有任何助益嗎？」問十個人，我相信，給的回覆都是「沒意義」。然而，卻無法收拾。

這讓我想起，**佛光山一位師父說的話：「菩薩重因，眾生重果。」果，已是無法改變的定數，這源自你怎麼栽種而有的結局。如何栽種，叫做「因」。尋常人太在乎結果，所有的心思都在此，卻忽略成因。智者不同，想在前頭，重視成因，**畢竟有「因」才有「果」。

所以，當你決定在什麼土壤與天候下，用哪一個品種的樹苗、什麼肥料與施肥頻率，就已經逐漸醞釀將會有什麼樣的果實。除非天候逆轉，否則根本不需要等最後才知結果。譬如我那花開得稀稀落落的花園。後來，我到鄰居家看到如飯碗般大的玫瑰，茶花也是一樹百朵，驚為天人，才豁然了解自己的花園是被餓太久而導致。因為我太懶，又健忘。成因如此，結果也就不難預料。特別在每年冬天，山上櫻花季來臨時，但見群山翻紅，獨獨我家的櫻花有氣無力，吐個兩朵櫻紅，交差了事。對於這樣的結果，我雖然每次都心存僥倖，希望落葉不少，足夠變成沃肥，但也都沒成真。

有一句台語很受用，**「看頭就要知尾」。一件事，哪需要發展到最後才知結果？業績好不好，從第一天開盤就應該見出端倪。所謂「看頭」，就是對徵兆的觀**

察力、掌握力、敏感度。大自然中，蜻蜓低飛、螞蟻集體遷徙、櫻花早紅……都事出有因，也醞釀一個新變化，只是多數人未察。蛛絲馬跡、一葉知秋，講的是同樣的道理。

看到業績不好，只是結果。木已成舟，情緒的好壞都無法改變結果。能改變的是趕緊把握下次結果前，該以何種方式與態度工作。對症下藥，找出結出酸果子或小果子的成因。

這是人生智慧，不為結果所苦的智慧。這也是一種能力，洞察與布局成因的能力。你還在為果所苦嗎？別浪費時間了，趕緊收拾情緒，轉移焦點，把精力放在新的成因，**醞釀新的果實吧！**

燒柴大小事

山上濕冷，我有一座英式鑄鐵火爐，年年陪我過冬。我喜歡在黑黑的夜裡，看著一團紅火在爐子裡舞動。假日時，一整天沉默與柴火相伴，一壺茶、剝幾片橘子皮放在爐上溫熱。火是活的，忽大忽小，看似簡單，蘊含深意。我蜷著添柴，是取暖，亦是玩味。

一座火爐，還原舊時鄉下人家的生活方式。每年夏天，我四處撿拾颱風過後的倒木，然後將一根根伐成等長的木頭，堆放備冬。火爐不是暖氣機，無法按一個鍵就升溫，全靠人工送熱。都市人手拙、心急，幹不了這活。

添購火爐的前幾年，我很氣餒。有時候大半天，家裡報紙都燒光、我的火氣都上來，爐子的柴火還點燃不了。漸漸的，我才懂，懂得柴火旺燒的兩個學問。

一、時機：木柴能否燒，有一個關鍵，乾度。剛伐下的柴，濕度仍在，耗盡蠻力也無濟於事。想要烈火，無捷徑，必須乾柴；想要乾柴，無他途，必須耐心等放。所謂的乾柴烈火，正是此理。

新鮮的木柴，就是要放，急不得。就算不燒，取之製作家具，也要乾透，日後才不會變形。乾度是一個抽象形容，很難說「夠」或「不夠」乾。木柴不會說話，它以重量，表達放置的時間是否夠久。木柴夠乾，會變輕。你要用它，就必須懂它的狀態，這與養才需要時間，需要懂得人才的狀態，完全相同。用人時，有些人，從結果論會以為用錯，實則不是，而是用太早了。可惜了一塊能燃熊熊烈火之柴。

二、組合：柴要旺燒的第二個訣竅是排列組合正確，需由細枝堆疊到粗木，細、中、粗，缺一不可，才能形成火勢。這句話很容易懂，是吧？也不知道是笨，還是悟性差，告訴你，我是學了好幾個冬天，才摸到竅門。每次，木頭狀況不一，又是全新的排列組合。有時候，好像都對了，但木柴彼此間堆疊的空隙若沒抓好，使得空氣流通不足，火，還是會養不起來。俗話說，「火要虛，人要實」，正是這個道理。

管理一家公司、一個部門，把異質個性的人組起來、擺放對位置，團隊力量才能發揮。只有強悍的，團隊會躁進；只有溫和的，仗怎麼打？強悍與溫和的人，彼此不欣賞，要願意共在一個屋簷下，不正是領導的藝術？

燒柴起火，雖小事，實則世間大事的道理不也都如此。

What a Wonderful World

一位意氣風發的企業主，忽然失去一眼，人生下半場該如何走？且聽我講這段故事。

一個冬季週日，院子裡的兩隻狗吠不已，我探頭一看，驚喜看到以前的鄰居、移居美國的繆先生夫婦。他們回台灣度假，做完禮拜後繞到我們家小坐。搬到山上後，就交到不少朋友，繆先生夫婦是其一。

天氣好冷，我生起火爐，溫一壺茶，爐邊話舊。

這是一對讓人羨慕的夫婦，兩人一起創業，太太溫婉美麗，口不出惡言；先生瀟灑豪爽，生意做得不錯，然而，一場意外改變了他的人生。數年前，繆先生想透過雷射手術矯正近視，找了一位醫生開刀。這原是一件小事，因為手術並不困難，但是醫師在評估與手術執行時的疏忽，導致手術失敗。我還記得那過程，瀟灑的繆先生，一眼逐漸萎縮，再也不能自己開車。他們試了很多方法，求助其他醫師，都無法挽救。意氣風發的他，莫名其妙少了一隻眼睛。不懊惱嗎？他的眼神中難掩失落。「只有失落嗎？不憤怒、不控告那位醫師？」他說，曾經這麼想過。但是：「有什麼用？洩憤，還是求償？一切都於事無補。」心中起伏許久，高舉的憤怒之拳也就放下了，他選擇寬恕那位醫師。

沒想到，轉念後，竟有海闊天空的收穫。繆先生說，他年輕就賺了錢，每晚應酬不斷，四海不已。有錢、有豪宅、有嬌妻，但又如何？買了夢寐以求的別墅，他卻從未好好在客廳坐下來，看看遠山，享受寧靜。他說：「一天都沒有。」直到失去一眼，驛動的心才戛然停止。

慢下來後，他發現，從家裡望出去的遠山，這麼美，四季都不同。他才發現，美麗的妻子已有白髮。他感性地說：「老天雖然拿走了我的一眼，但還給我太太一位丈夫，這是祝福。」

他說這話的表情，我到現在都還難忘。我也自問：如果我被一位醫師誤診，失去眼睛，是否能有其智慧？還是憤恨不已，與該醫師纏訟官司數年？過程中，宗教給了他們力量與平靜。熊熊的爐火邊，我端詳著繆先生夫婦，爽朗依舊，隨遇而安依舊。他們最被羨慕的倒不是所擁有的物質生活，而是，安頓了心。於是，眼裡所看出去、自己所遭遇的一切，都化為美好。

他讓我想起一首老歌：〈What a Wonderful World（多麼美好的世界）〉。

I see trees of green, red roses too
I see them bloom for me and you.
And I think to myself what a wonderful world.
I see skies of blue and clouds of white.
The bright blessed days, the dark sacred nights.
And I think to myself what a wonderful world.
The colors of the rainbow so pretty in the sky
Are also on the faces of people going by.
I see friends shaking hands saying how do you do.
They're really saying I love you.

I hear babies cry, I watch them grow.
They'll learn much more than I'll ever know.
And I think to myself what a wonderful world.
Yes, I think to myself what a wonderful world

這是我百聽不厭的一首歌，我很喜歡歌詞的意境：「看到玫瑰，眼睛看到的是燦爛的豔，不是多刺。聽到孩子的哭，浮現腦海的不是悲愁，而是探索未來人生的種種可能。」這首創作於近半世紀前的歌，像一幅畫，淡淡數筆繪出美麗的世界。

人生在世，誰無心酸？但為何有人從年輕心酸到老，之間的差異，是否在於選擇？你選擇記憶悲傷、仇恨，還是美好，一連串的選擇，定調了人生。同樣的玫瑰，在不同的眼中，有人讚嘆絕色之美，有人記憶多刺傷人。**正如這句猶太名言：「世界沒有悲劇與喜劇之分，如果你能從悲劇走出來，那就是喜劇。」**

譬如這首歌的原唱、「爵士樂之父」阿姆斯壯（Louis Armstrong），他的人生開始，是悲劇。他在貧民窟長大，還是嬰兒時就先後被父親與母親遺棄，童年遊走於妓女窟求生，因此一度是不良少年。如果不是這樣的人生，阿姆斯壯縱然有小號演奏與演唱的音樂才情，也不可能有豐富的詮釋力。譬如〈What a Wonderful World〉，一首陽光四溢的歌，動人處不在於出自純淨無瑕的天籟之音，而是高反差地由歷盡滄桑的嗓音詮釋，若非如此的人生際遇，如何能刻劃出此曲的深度。

人生從來就沒允諾風平浪靜，但，精彩是不會缺席。如果能這樣看待事實，有一天，會衷心地讚嘆：What a Wonderful World。

流奶與蜜

我喜歡老家具，有一次逛到一家老木料行，像挖到寶，各式各樣的舊門片、舊梁柱。乍看這家舊木料店的外觀不甚起眼，但裡面如大觀園，分三區：諸多尺寸的舊木陳列區，整理舊木的工廠（去漆、去汙等），還有自製家具展售處。

哪裡去收到這麼多老木頭？這是我初次造訪時的疑問，後來得知，這家老木料行早年是拆除業。早年，都市邁向現代化拆除一幢幢老房子，讓給一幢幢高樓大廈。那年代，有許多以此維生的拆除業者。

後來老房子拆得差不多了，路似已到盡頭，一家家業者沒落。

這位業者不當困獸，黑夜再漫長，總會過去。一如冬天再久，總會等到春天。當都市裡的老房子沒了，給了人們無窮懷舊思念。於是，醞釀這家拆除業者一個契機——轉型為舊木販售商。拆掉的木料，對某些人是垃圾，但卻是某些人的寶貝。他們在台北木柵成立門市，將拆下來的各式老木整理與分類，後來甚至加入設計，跨足家具製作。老木新生，變成獨一無二的桌子、櫃子、椅子，絕處逢生。他們從黑手，到開設門市，並自建網站行銷。

產業變局下，業者各以不同姿態活下來。另一個轉行故事是固守在拆除業，但深耕利基市場。政策禁伐檜木，新木不可求，老檜木身價上揚，於是，這位新北市樹林的業者精選拆除標的，集中於老檜木的拆除。他靠老經驗與眼光行走江湖。承包拆除工程前的評估非常重要，評估的關鍵在於這批建築物的檜木比率多高，是什麼等級的檜木？這跟淘金或買股票一樣，是一場賭注：「標，或不標？」挑戰在於，老木頭多已上漆，質地一時難辨。如果承包後發現，該標的物參雜次等的木料比率過高，這筆生意就輸了。每次拆除，就在賭能採得多少檜木。

這兩個故事，敘述一個沒落行業的峰迴路轉。《舊約聖經》有一則流奶與蜜的故事：

摩西帶領他們出埃及，尋找新天地時，曾經派十二位探子先去探路：「你們從南地上山地去，看那地如何，其中所住的居民是強是弱，是多是少，所住之地是好是歹，所住之處是營盤是堅城。又看那土地是肥美是瘠薄，其中有樹木沒有。你們要放開膽量，把那地的果子帶些來。」

過了四十天，探子們回來了。帶回來兩派的訊息，大多數探子的描述是：「所經過之地是吞吃居民之地，所看見的人民都身量高大。我們在那裡看見亞衲族人，就是偉人。他們是偉人的後裔。據我們看，自己就如蚱蜢一樣。」還說，那裡是由高牆圍建，有戒備森嚴的衛兵。小蚱蜢與大巨人之鬥？算了吧，還是撤退。再聽聽另一派的說法，描述全然不同：「我們到了你所打發我們去的那地，果然是流奶與蜜之地。」意思是真豐饒，有川流不息的羊奶、野蜜。建議是：趕快前進，有獲勝的機會。

同樣的事，在不同人的眼睛，有全然不同解讀。多數人看到困難，看到高壯的人與高聳的牆；少數人看到希望，看到流奶與蜜。眼睛的看到，是內心狀態的呈現。我們的心，導引我們的眼，進行選擇與過濾，形成不同的處事態度，人生的結果也不同。

經濟景氣好壞、人生遭遇榮辱，是必經之道。**有人因為相信與企圖，後來得到**

豐饒的流奶與蜜；有人則畏於高牆與衛兵，成為牆外的放棄者。一般人常說眼見為憑（Seeing is believing），但在披荊斬棘開路時，我認為，信念更重要，相信就能看見（Believing is seeing）。

過程中，縱然離去者多，而且當眾人紛紛離席，你還信念不動搖，這是最難的。**這世界沒有永遠的輕鬆路，也不會絕路到底，生意、職場、人生，道理皆通。達賴喇嘛曾經開示：「如果你知道去哪，全世界都會為你讓路。」**

心中無事一床寬

這週末，我興之所至，撥了電話給剛遷新居的龍君兒，問她有空嗎？她熱情地歡迎「不速之客」，於是拎了十罐啤酒驅車拜訪她的海邊居所。北部濱海公路是我從小混到大的地方，這裡的海、這裡的風、這裡的雨，是如此熟悉。

龍君兒擅長布置，房子是她的作品，也是玩具。這麼一間不起眼的房子（她說，像開里民大會的地方），竟然在她手裡溫暖而有質感起來。寬敞的露台遠眺一百八十度的海景，大海與礦山對話，展開倚山而居的恬適。山坐在那兒，陪我們聊天。心念一轉，煩心也就雲散。我常覺得，台北人好笨，喜歡擠在都市裡，被高房價綁架。下班了，還續住在好吵的市區裡，圖的竟是買一包菸的方便。

想著想著，我忽然失笑了。我山上的家跟這裡有何兩樣，我跑來這裡幹什麼，難道是要逃離山上的蟬聲，還是因為無法讓心安靜？該調整的究竟是：所處的環境，還是自己的心？這時，想起稍早讀到的一段佛經：「心中有事虛空小，心中無事一床寬。」有一天夜裡，讀到此處時，擾擾攘攘的念頭，戛然沉靜下來。

所有的煩惱與快樂，都因為我們的心而起。一顆心，高高低低，起起伏伏，如果易被外界干擾，縱然坐擁宇宙，仍覺得太小了；反之，如果我們的心不易起波瀾，即便住的地方只有一張床大，都覺得寬敞。所有的問題，表面上是事情讓我們煩與苦，其實是心影響我們的世界與陰晴。誰不羨慕「一床寬」，不過，「心中無事」的境界實在太高了，怎麼可能不煩，事事都會讓人煩，數字做不到煩心、部屬無法上軌道也煩心，工作煩，家裡也煩，這似乎是很多人的困擾。

本週與業務部門開會時，我從一位同仁的臉龐看到生命要充滿陽光，也不見得那麼難。會議上，該業務部門主管問大家，有誰願意去洽談某客戶？會議室內，坐滿業務員，只有這一位同仁舉手，她積極地想把握這機會，衝刺當月尚未達到的業績。她高舉的手，表達的是：「我想、我願意、我企圖」改變現況。生命的峰迴路轉，不也就是這麼簡單的念頭嗎？學習心念簡單，可能是讓「心中無事一床寬」的第一步。很高興認識你，陽光女孩。

地上的鹽

「青春就像衛生紙，看著挺多的，用著用著就不夠了。」這話聽起來挺嚇人的，但也很實在。炎夏，看著一位位戴上方帽的畢業生，既興奮又惶恐地踏入社會。身為一個在職場打滾多年的工作者，我能給予一張張青春臉龐什麼提醒？我想起《聖經》馬太福音中，耶穌對門徒的期許：「你們是地上的鹽。（You are the salt of the earth.）」

為何要成為鹽巴？

鹽巴在古代是珍貴物品。英國人的宴客，在宴客桌中間會放一個鹽罐，如果座位被安排在鹽罐之上席，就是貴客。後來衍生出英文的用語「Sit above the salt」，請上座。鹽巴的珍貴，從另一個英文單字也能反映。Salary 在拉丁語的最早意思是來自於「soldier's allowance for the purchase of salt」，士兵買鹽的津貼，久而久之，就轉成薪水一詞。看似平凡的白鹽，在物質貧困的年代，它增添食物美味，增加人類味蕾的幸福感；在食物供應不穩定的年代，透過醃製能讓其持久。鹽巴是那個時代的冰箱，更是避免饑荒的重要物質。

因為鹽巴在古代歐洲的不可或缺，salt of the earth 已被引申為「棟梁之才」、有用之人。

如何成為「鹽巴」？有兩個人的故事，或許你有興趣。

第一個人是美國奧運跳高選手迪克・福斯貝里（Dick Fosbury）。一九六八年奧運，顛覆跳高方式的福斯貝里拿下金牌。他在自己的困頓中，大膽換腦袋嘗試突破，他發現，背對欄杆翻身而過的方法，有機會突破極限。這種怪異的跳高，是一個時代革命，在那年創下人類的跳高世界紀錄。後來的半世紀成為主流，因此被命名為「福斯貝里背越式跳高法」。

第二個人是英國企鵝出版社（Penguin Books）的創辦人艾倫・雷恩（Allen Lane）。以前，教育不普及，閱讀是貴族才會有閒、有能力的習慣。因此，書籍只有精裝本，而且昂貴。但，隨著教育普及，雷恩聞到大眾閱讀市場的契機，大膽推出「六便士」的平裝書。當時同業並不看好，理由很簡單：「貴十倍的價錢都沒法賺錢了，六便士怎麼獲利？」萬萬沒想到，逆向思考的雷恩掀起全世界的平裝書革命。從此，平裝書才是主流。

雷恩與福斯貝里倒不是為了成為「地上的鹽」而如此，他們最不同於他人的是：不理所當然、顛倒思考。

青春的腦袋，不該有太多框架。勇敢夢想，落地實踐，這將是你此生最重要的事。年輕，就是擁有探索的時間優勢，別像裹足不前的老頭。

掛在樹梢的麵包

早上收到一封簡訊：「麵包掛在你們家的櫻花樹上。」光著腳丫，我興奮地衝出去接收鄰居珊蒂送來的禮物，晨曦中的幸福，從心裡緩緩漾出。這是我先前在她家吃到的一種好吃麵包，很想再吃一次，於是珊蒂特地多買一份。一份體貼、一個分享，讓受者滿溢幸福與感謝。掛在樹梢的麵包，讓我想起她講的一個故事。

珊蒂有一位年近四十歲的朋友兩度婚姻都沒有孩子，先生是獨子，讓她壓力很大，於是求助於人工受孕。不消說，過程很痛苦，努力多時終於成功，而且還是兒子，她欣喜若狂，人生圓滿。只是幸福沒有太久，青天霹靂，她好不容易求到的孩子竟然得血癌。三年後孩子走了，她連牽著兒子上學的機會都沒等到。這是老天爺的什麼安排？她渴望當母親，嚐到的果子竟是淚水與苦澀。她原本以為無法有孩子是老天給她最大的詛咒，沒想到，求得孩子後，墜到生命的更深淵。聽完這故事，我們倆互望一眼，感謝老天爺給我們的平安與時有的小幸福。人到中年，越能體會，幸福不是擁有多少金錢。

幸福如何來？來自對生活的滿足。

佛家說，人生有八苦，其中之一便是「求不得苦」。偏執之心，很想要，卻要不到，這是求不得苦，也是眾苦之源。因為有所求，有欲念，衍生愛恨之苦，生老病死之苦。

我年輕時，外求很多，「想要」很多，要住好房子、買好車、吃美食、升官發財。現在才漸懂，外求的快樂，短暫且淺層。現在的我還是世俗，但沒那麼執著，還是「想要」，如若沒有，比較能放下。譬如旅行，我以前一定要出國，而且要到很特別的國家，才覺得是旅行，像一個過動兒。就算假日在家，也有很多安排，每週都要去台北內湖花市買了滿車的鮮花回家布置，忘了自己的院子就有很多植栽。外求很多，渴望很多，不滿足很多。

現在，比較能享受無所事事。因為，能無所事事，內心的觀照也多了些。雖然還是會有大旅行的渴望，但留在台灣爬爬山、看到掛在樹梢的麵包，都能體會到一種幸福。

這樣的感覺，為何以前沒有、為何看不到？只因，心不在。人到中年才發現，擁有幸福沒想像中困難。

幸福如何來？來自於不被金錢綁架。

我是五年級生，雖然不是成長於貧困年代，但家庭並不富裕。我記得，小時候作文本上，描述年節的歡樂氣氛是如此寫著：「我們每個人有一隻雞腿，還有紅紅的蘋果。」在當時，雞腿與蘋果是稀有物資，平常吃不到。我以前很不耐煩聽父母親談論戰亂貧窮的過往，然而價值觀竟不自覺受到他們的影響。

我們成長的年代，富裕的種子剛剛在台灣萌芽，社會認定「成功」價值觀比較單一。所謂的成功，就是要有錢，有錢就是要當醫生，就是要像王永慶。於是，許多人追逐成功，但壓抑本我，以社會認定的「成功」，選擇科系與工作。電機系、商學系、醫學院成為主流科系，每個「我」為什麼要當醫生、成為生意人？自我探索，並不重要。這群人如今步入中年後，人生價值開始質變、疑惑：「有錢之後呢？這就是人生的全部嗎？」

有一篇報導，提到藝人趙自強賺了錢，不買豪宅，而是苦撐「如果兒童劇團」，這是他人生的熱情。他說：「**我不是活下來而已，而是要活得有滋有味！不只是求生存，而是要求快樂，餓死也要快樂！**」

過去的窮困，窄化了許多人成功的定義，於是窮其一生在追求每天有蘋果的富裕。一個被金錢綁架的人生，能怎麼幸福？追著追著，渾然忘記人活著的更深層意義，人生的熱情也逐漸失血。如果年輕時，能看透這點，這輩子會更幸福些。

幸福如何來？對生活的滿足、不被金錢綁架。

蘋果，可以給我嗎？

有一則在網路上流傳的國外小故事。一位小女孩手上握著兩顆紅蘋果，媽媽彎下腰溫柔地問：「可以給媽媽一個吃嗎？」小妹妹遲疑一會兒後，在兩顆蘋果，各咬一口，喀、喀。看著被啃過的蘋果，媽媽的笑容瞬間凍僵，心受傷了，這是自己一手養大的孩子嗎？就在此時，小妹妹伸出右手，甜甜地說：「媽咪，這顆比較好吃，給你。」

原來如此，誤解了，小女孩的善良，險被扭曲。一顆被啃過的蘋果，是霸占，還是試吃？人與人之間，彼此的不了解，或處事的不同，常形成認知的鴻溝。譬如，有些總是先道歉的人，你以為是因為他們常做錯事嗎？其實，可能是他們看重周遭的人。有些常發簡訊給你的人，你以為他是無所事事嗎？其實，可能因為你在他的心中。

「你以為……」是耐人尋味的心理狀態。「生活在什麼樣的世界」，這是一種客觀的存在，抑或是在於每一個人如何解釋的主觀上。譬如一位部屬問你隔天會議的細節，包括有多少人會參加會議、需要準備茶水與投影機嗎……？有些主管的感受是：「這部屬真細膩，他辦事讓人放心。」同樣的事，有些人的反應則是：「煩不煩啊？婆婆媽媽，沒大事可以做嗎？」再譬如，你被交付一項轉型的新任務，你的感覺是：「爛攤子又丟給我，壓力很大，想逃開。」或是：「被賦予重任、有挑戰性，這是千載難逢的契機。」

我的朋友 Amy 評價人總是正面，以前我總認為她年紀一大把，還這麼涉世未深，後來才理解到，她眼中的世界就是如此。她真心以為，沒有存心不好的人。

從總看到人世美好的朋友、從蘋果女孩與母親，我理解到生活可以很好，也可以不好，它的好或不好並非客觀存在，而是「你以為」。有時的「你以為」，來自於對世事理解的程度，有時來自於自己的解釋。外面如何颳風下雨或日曬炎炎，這是我們無法掌握的，但能影響的是我們的內心。如果，「你的內心，以為美好，生活就能、就是、就會美好」。

沒事常吃飯，有事打電話

像我這種「以事導向」的人，在人際互動是生澀。再直白說，是價值觀的不偏好，懶得交新朋友，有些取捨的偏執。然而，人畢竟不是孤島，有諸多人際網絡的必要。最近與中影前總經理江奉琪同桌時，聽他教導晚輩處理人際關係的一句話，挺有意思：「沒事常吃飯，有事打電話。」這是他的老長官宋楚瑜的名言。

沒事、有事，這句話說得傳神，重點在前半句，他強調平常沒事要花心思經營交情，累積人脈存摺。關係若夠深，有事的時候一通電話就能搞定，官場、商場上都是如此。但，經營很費神，要交到心，這是要長期。所以多數人的時間是反過來，平常不燒香，急時抱佛腳。

這讓我想起曾經製作的封面故事〈人脈存摺〉，這是第一篇點出人脈競爭力重要的報導。它引述**史丹佛一份研究調查：「一個人賺的錢一二．五%來自知識，八七．五%來自關係。」**數據指出，人脈的價值遠高於我們的理解。然而，何謂人脈競爭力？這篇報導的定義是：一個人脈競爭力強的人，所擁有的人脈資源較他人更廣且深。在平時，這可以讓他比別人更快速獲取有用的資訊，轉換成財富或升遷機會。在危急時，可以轉危為安，發揮臨門一腳的功能。

德勤顧問公司前總經理顏漏有很有層次地提出三階段論：**職場的第一個十年是培養專業，讓自己擁有與他人對話的能力與知識。此時，人脈經營不是重點；第二個十年是專業與人脈並重，可以發展工作與其社交圈；第三個十年，人脈關係優於專業，因為專業部分可以由下屬完成。人脈能為過去累積的專業發揮加值。**

職場不同階段，各有不同風景。懂得也願意適時調整自己，路會走得更遠、走得更好。

拖鞋之交

你如何開始每年的第一頓飯？

每年元旦，我們有七對夫妻鄰居一起吃早餐，迎接新年曙光。

猶記第一次，二〇一〇年的元旦早晨，冬陽暖和，山櫻乍紅，我被鄰居叫醒到他們家用早餐。滿桌豐盛，在廣告公司任財務長的Grace烘焙厚片起司吐司、桂圓等口味麵包，咬下去的撲鼻香彷彿置身天堂。另一位鄰居攜來肯亞咖啡，桌邊現煮，濃郁佐餐，我這喝咖啡易焦慮的人，都忍不住續杯。

長桌，圍坐著一群山居歲月的鄰居，我戲稱為「拖鞋之交」，不同於都市人的冷漠，這裡似舊時眷村。我們的友誼建立在卸下西裝，換上拖鞋後；建立在廚房蔥蒜沒了，總有人能及時救援的關心；建立在赤陽或是風雨中的每日晨走。因為都喜歡大自然，紛紛擇山而居，各有專業，各有精彩。

譬如，平常到醫院等名醫門診總等不到幾分鐘的說話，我們就擁有「名醫義診」的特權；重要選舉的民調，旁人多是記者轉化後的二手訊息，但我們總能聽到第一手的權威分析；房子要裝潢，沒問題，穿上拖鞋直闖兩岸頂尖設計師的宅邸……

我喜歡用「悸動」形容讀到好書時的感覺，中年後的山居歲月，我從人的身上體會到讀書的興奮，理解到孔老夫子說「友多聞」的美妙。

一晃，超過十年。可以發生很多變化的十年，每年沒人爽約，都珍惜這分拖鞋之交的緣分，把元旦早餐排入必要行程。大家輪流作東，坐在不同人家的餐桌。不變的是：桌上總有 Grace 的手作麵包；每年都是從早餐到午餐，甚至天黑；每年結束，總是意猶未盡。

今年，山櫻依然在門外報冬，但長長的餐桌少了一人。

椅子不解：「Mike 怎麼沒來？」山櫻也問同樣的問題。

我對椅子與山櫻說：「他，不能來了。」

一個月前的瞬間意外，讓人失措。危急中，一位「拖鞋之交」陪同救護車送

Mike至醫院，一位「拖鞋之交」換上白袍坐鎮醫院，一位「拖鞋之交」讓出山下的房子讓Grace就近到加護病房陪伴。殷殷心繫，沒等到奇蹟，老大哥Mike走了。原來，終有一日，宴席會散場。

山櫻又吐蕊，但沒人有心思於元旦聚餐。此時，一封簡訊發到群組：「今年的早餐會還是要如期下去，不要因為我而中斷。畢竟，如此鄰居是珍貴無價。」仍在悲傷中的Grace溫柔而堅定地希望延續友誼的傳統。

是的，人們總在默哀失去，忽略手中還擁有的珍珠。今年元旦早餐，我們又相聚，冷冷的山丘早晨，依舊滿桌豐盛，手作紅蘿蔔蛋糕、現煮虱目魚粥、濃郁豆漿……席間，不再放肆，隱然沉悶。飯後，Grace帶著三歲孫女來到，小娃娃跳上餐桌，高坐在大人的肩膀，像潮間帶的一尾彈塗魚，噗咚噗咚。遺傳爺爺的豪爽的「彈塗魚」，成為今年新成員，燃起放肆與歡笑。

「可愛的『彈塗魚』，我想跟你成為朋友。」

何謂朋友？

網路時代，交朋友變成按鈕時代，變成一個符號，變成輕而易舉的開始與結束。我慶幸擁有一個真實的小圈圈，如十七世紀的英國作家羅伯特．伯頓所說：「『太陽之於蒼穹，正如友誼之於世界』……若除去友誼，便也除去世上一切喜悅、安慰、幸福與真正的滿足。友誼是最偉大的羈絆、最穩固的契約，也是最強烈的連結……忠實的朋友比黃金貴重。」

何謂朋友？

「世界上，用得最普遍的名詞是朋友，但最難得到的也是朋友。」

過去，成就未來的路

我一直在追逐「山海圳」的起點——零K。

追趕什麼？喔，在追趕美麗的句點。

我可以跳上車，一個最順理成章的選擇，但我放棄捷徑。

人生的路，不管苦澀或甜美，還是要自己走。

四只鑽戒

我不知道是否老天弄人。前一天，時任總編輯的我與記者討論當期的〈封面故事〉時還說：「活了三十幾年，我其實沒有很接近過死亡。」話才說完，母親就走了。好好的一個人，一天之後，躺入一口木箱子，結束一生。

我們把媽媽從醫院接回家後，為她擦洗身體，並在她耳邊輕聲說話。那樣的神情，好像她還活著一樣，好像她可以聽到我們的話。當了她三十多年的女兒，我第一次如此接近母親的身體。為她換上新衣裳後，妹妹細心地為媽媽輕點胭脂。她走得很匆忙，才五十六歲，就結束一生。

最難過的是爸爸。他一遍又一遍地走到媽媽的身旁，不捨看著媽媽，撫著她的臉，哽咽說，爭爭吵吵幾十年，怎麼也沒想到，媽媽會先他一步走。我爸爸比媽媽大二十歲。

我與媽媽並不親近。她與我期盼中的母親並不一樣，她是一匹很少在家的野馬。媽媽以她的價值觀在對待孩子，但我們始終不諒解，她是被孤立的。直到舅媽提起那四只鑽戒的事：「你媽媽這些年來陸陸續續買了四只鑽戒，鎖在銀行保險箱。她說以後要留給四個女兒。她要女兒衣食無虞，鑽戒是她唯一想得到的表達方式。所以，賭贏了錢，她就買一只。贏了，再買。」

閃亮亮的鑽戒！看著它，我的情緒複雜，這是我從沒想過要擁有，忽然有了，竟是我陌生的母親留予的。

「這是我的母親？」多年來，我一直不懂，一個女人為什麼要這麼拜金，買這麼多鑽戒？我始終沒有懂過媽媽的心，只覺得她像暴發戶。生於窮苦的她一直想築起金錢無憂的安全網，張牙舞爪地布置著。我以為，她只是為自己。我只看到她奔走於不同的賭桌後，帶回家的壞脾氣與疲累，而不是在廚房或菜市場張羅孩子便當的身影。我們像在單親家庭長大的孩子，父親既是父親，也是我們的「母親」。

我拒絕與母親溝通，冷冷地回應，一直到她閉上眼睛後，才懂她不斷買鑽戒的用心。但是，知道得太晚，連說聲「謝謝」的機會都沒有。

母親幾乎是死於牌桌，她長期沒眠沒夜地賭。想策馬圈地嗎？以前，在美國西部拓荒，一個人擁有的土地範圍，取決於他策馬後能跑多遠、圈出多大範圍的地。於是，有一個印地安人奮力奔馳，他不斷地想：「我跑遠一點，幫我的兒子也跑一塊土地。」他不休息：「我再跑遠一點，我的孫子也有土地了。」最後，他累死了，也沒有回到圈地的原點。

我的母親也想策馬圈地嗎？她也像那印地安人，沒回到圈地原點。我是一個文字工作者，寫了這麼多文章，從沒寫過自己的媽媽，而今卻在這樣的情境下敘述她。有一天，或許我會將她的孤單寫成一本小說。

被停權的女兒

八月初的熱鬧就是父親節，「沒有父親的人也能慶祝父親節嗎？」這是我的奢想。母親過世十年後，父親也辭世，從此，我喪失一種身分叫做女兒。被停權當女兒的身分，就是被老天爺噤聲，**刪除「喊爸爸」的資格。我這才理解，不只罐頭有到期日，當子女也有到期日，有的人拿到五十年的有效期，有的人僅一年。親子緣分的「到期日」，是沒得展延。**

我的，已到期。

父親八十歲後，開始多次中風。我記得第一次時，他自己走進醫院，後來卻因四起併發症連發，陷入昏迷。腦部不斷放電、胃出血、肺炎……病菌勢如破竹，如風中之燭。紅紅的燭火試圖宣示它的屬地，與埋伏四起的風勢纏鬥。那時，我每天上班前會先到榮總，那就像步入一扇生死門，很怕前一夜晚，燭火又遇襲強風。燭火，我的父親。

我真正明瞭緣起緣滅，始於那張病危通知書。一張來自榮總醫師的粉紅色紙張。我忘不了那看來俗不可耐的色彩，卻傳遞著極為殘忍的訊息。父親肺炎面積驟然擴大，白血球數激增。醫院捎來一紙，徵詢家屬同意：「插管進入肺部搶救？」粗粗的管子從口中插入體內，強制打氧，救濟心肺功能。這是侵入性的治療。我們顫抖得簽不下字，父親正與死亡和生命拔河。若是救回來後，從此不堪，該如何是好？我們不怕照顧他，但捨不得父親受病凌遲。週日的台北榮總，主治醫生不在，我們慌亂得不知所措。「同意，不同意？」父親的生死，懸乎我們五姊弟握的筆該怎麼簽字。

父親的身上，鼻子、嘴巴、下體，插滿各式管子，補位敗退的肺葉。大大的肚子，如山丘般劇烈起伏。「為什麼，生命非如此不可！」

那次急救，硬是將父親從鬼門關求回來，讓我們多了五年的相處。

那五年，我們強悍地圍在父親身邊，不准死神越雷池，但祂從未遠離。中風不定時敲門，每次，病危通知書跟隨而至。有一次，他再度陷入昏迷，我走到他床邊握著他的手輕聲講話。厚實、布滿老人斑的手，竟回握我一下。好久沒聽到他說話，好想再聽到，現在我聽到了，我懂得這隻厚手的言語，這是我很熟悉的握力，也是對父親記憶的初始。三歲時，這隻大手就每天牽著我爬到小山坡上的幼稚園，一個穿著滾綠邊白圍兜的小娃兒與四十歲得子的台電公務員。我生命的樂觀，是他給予的。要跟這一切說再見，是多麼困難，但我還是做了。

「爸，我們捨不得，但不該繼續自私，該放下羈絆您的繩索，安心去吧。」不久後，父親闔上眼睛。人生終會永別將我們帶到世上之人，成為「孤兒俱樂部」一員。不同的是，加入先後。世人多憐惜，五歲孩童，沒了父母。殊不知，五歲還不懂慟，五十歲懂了，慟是在心深處。此時，才會碰到內心的一個隱密，不論如何獨立，還是藏著依靠的渴望。依靠，一旦斷裂，便慌亂地四處攀附。爸爸走後，妹妹告訴我，爸爸有一本鎖在抽屜三十年的紅絨色記事本。我有些驚喜，能透過裝線已脫落的本子，再度親近父親。與其稱之記事本，毋寧說是一本手寫家譜。

民國三十八年，他隻身來台，就此揮別浙江老家，他一生的哀愁是無法孝敬奶奶一粒米、一縷絲。泛黃的頁面記錄他生命中最重要的八個人，從爺爺奶奶，到孩子們，他一生的愛與思念。我如入密室，小心翼翼進入紅色記事本的世界，剛正渾厚的字跡，幾許滄桑。一頁再一頁，翻到我的那頁，看他如史官般描述——他的第一個孩子誕生：在基隆的婦產科、幾點幾分、幾台斤重，及從小學、中學到專科的每一段求學，出嫁那天的國曆與農曆日期。許多我自己都沒想到要記錄的事，他像「拾荒老人」般珍藏，以不同年代的筆跡惦記著。

這就是他，情感收斂如深井，為人豪爽如江海。他罵起人來，一條街以外的人都聽得到，但他如鬧鐘般日日準時喚醒我們每天的起床，為我們準備上學的早餐；等候我們每天的歸來，看我們津津有味吃著他燉的橘皮牛肉湯、蒜頭紅燒魚。五個孩子是一艘艘小船，他是孩子的港灣。

「這綠島像一隻船，在月夜裡搖啊搖……」他酩酊大醉地唱了幾十年，從他黑髮唱到稀疏白髮。想家的時候唱，嫁女兒開心的時候也唱。他八十歲生日壽宴，在紫紅牡丹間，我們為他唱這首歌；他的告別式，在勁拔的羅漢松樹下，我們為他最後一次獻唱。當天，三妹寫了一封遙祭文：「五年前你中風、失智，給了我們孝順的機會。而後每次中風，你總是用過人的意志力，再度站起來。縱使醫生告訴我們，有一天，你們的父親會因為失智退化忘了你們，忘了他自己，忘了一切一切。但我們會努力讓你想起。對我們而言，重要的不是遺忘，而是能和爸爸在一起。」

爸媽都走了，瑞芳老家，也空了。我跟弟妹們說，這個紅色本子，就是我們的家。小妹現在是這本家譜的史官，延續爸爸幾十年的筆，繼續傳承家譜。

「品味私塾」四部曲—春、夏、秋、冬

什麼是不虛此生？

工作，不就是服務想過的生活，怎任其霸占生命？

生活就要精彩，這是態度，也是一種能力。

生活，也要隨四季於是從二〇二〇年的台灣出發，我構思「品味私塾」四部曲，以植物與文化譜出台灣的四季。這是「穿梭歷史、探索土地」的四趟文化之旅。

第一個作品是「夏部曲」：在初夏，當麵包遇到香蕉。隨之依序是「冬部曲」、「春部曲」、「秋部曲」。我以「一座古島、一條長路、二種食物、三條百年鐵路」，四個角度詮釋台灣。這是旅行的3.0版，地點不再是主角，主題才是旅行的靈魂。

在夏天，當麵包遇到香蕉

這天清早，我跟吳寶春學做麵包後，驅車到 CN Flower 創辦人凌宗湧在陽明山的農舍，上山找野蕉。我們三人約好，放下手邊的事，拜訪山間的春天。

宗湧的農舍隱身在山徑，沒人引路找不到的。不像平日的雅痞，在許多國際飯店擔任花藝顧問的宗湧穿著雨鞋迎接我們。看來，他早上就窩在花圃裡做工。鄉下長大的寶春師傅見狀，靦腆地問：「我也可換上雨鞋嗎？」像孩子拿到新玩具似地，立馬套上。然後，就與宗湧去山間尋寶。

春天，酒紅含苞的香蕉花冒出了，早熟的香蕉樹也有果實。一會兒後，兩位「植物獵人」回來，肩上扛了野山蕉，畫面太經典。

我分別認識他們兩人多年，直到最近因為一個構想，促成我們三人的合作。十幾年前，我搬到山上後，感覺到自己的蹉跎：大地以植物的登場向人們敘述四季的美，人們卻把生命的多數時間給了工作。有一天，髮絲白了，生活也交了白卷。

什麼才是美好生活？它不是客觀的存在，是主觀的感受，把心騰空出來，美好才會發生。眼睛才會看到美好，舌頭才能品味出美好，生活才有美好。

二位高手跨界開課，真是有趣。一位主掌視覺，一位主導味覺，宗湧是「脫韁野馬型的藝術家」，寶春是「奧運級選手」。在我的邀請下，我們聯手「品味私塾」的第一砲——夏部曲：「在夏天，當麵包遇到香蕉……」寶春首度開放世界麵包冠軍師傅的廚房，有世界級的烤爐、有獨門的老麵團、「踩高蹺」工作的師傅……這是寶春師傅的誕生，也是一生。

他手一撒，麵粉圈出一個圓，一杓水於中間，形成桌上水塘。我還來不及搞清楚情況，已經變成麵團。麵團在他手上，順服得不得了。他讓我試，奇怪，麵團甩都甩不掉，算了算了，我立即投降。乾脆專心看世界麵包冠軍師傅現場做麵包，真是神乎其技。

這幾年，好學也好奇的寶春持續到世界取經，日本、法國、義大利、俄羅斯……與其說在學麵包，毋寧說他透過麵包在探索世界的文化。聽他說各國麵包的文化，不知不覺也環遊世界。聊開了，換我跟他分享旅途見聞。

我見過最特別的麵包是在秘魯山區，安地列斯山脈，那裡是印加人的地盤。你可以想見，麵包大到如一個茶几嗎？注意我的用詞喔，不是一麻袋的麵包，而是一個麵包。我真是大開眼界，走入秘魯古城，只見綁著長辮子的印加大嬸守著一大落的大麵包，或在市場或在路邊。我真是瞠目結舌，麵包為何要做這麼大，要吃一整年嗎？原來這是印加人的共食文化，大家一起吃麵包。在麵包，我看到一個前所未知的大千世界。

小飲一口薄荷感豐草茶後，我與宗湧分享旅途中的香蕉。

台灣曾經被喻為「香蕉王國」，早年我們的外匯是靠輸出香蕉到日本。今日台灣早已不依賴香蕉，但地球另一端的厄瓜多，依然坐擁「香蕉王國」封號。全盛時期，全世界每十根出口香蕉就有三根來自厄瓜多。厄瓜多的香蕉品種比台灣多元，它既是水果，也是廚房裡的煎、炸、烤的主食，還能變成湯。

我有一次到厄瓜多首都基多，逛進傳統市場。這可不得了，五花八門的香蕉，種類、顏色、長度、口感，遠超過台灣人的想像。最讓我傻眼的是置放在地上一叢叢巨無霸的「綠香蕉」，這些「巨人」蕉，長如小孩手臂。嚴格說來，這不是Banana，而是大蕉（Platano Verde）。它不是水果，口感像馬鈴薯，可以是主食，也能入各種菜餚，或削成薄片變成炸香蕉片，或烤香蕉。走在街上也有奇觀，小吃攤販端出一盤盤的黑白切，搭配主食不是飯和麵，而是炸胖蕉。厄瓜多人太愛香蕉了，還有一道菜是香蕉球湯。在香蕉的世界，又是另一個大千。

聊著聊著，天色黑了。我們將杯子斟滿酒，舉杯，七嘴八舌聊著「在夏天，當麵包遇到香蕉……」會迸出什麼跨界的火花？我有些忐忑，但更多興奮。

一座古島的世界四大冬景

原來，在我們的土地，有一座有千年文明的古島。

原來，冬天，這座古島每年會有四大世界級風景在此交會，從天空、土地，到海洋。

與古島第一次相遇：我到這裡擔任評審，晚上住在一處有天井的閩南聚落，紅磚古厝、四合院天井、星空。穿越時空，彷彿回到百年前的歲月，這裡的居民長久以來就是這麼過日子。我嚮往著，有一天，要重返這裡 long stay。

與古島第二次相遇：我到這裡演講時，有人告訴我，每年十二月起，這裡湖畔木麻黃會變成白色，白皚皚的樹林，彷彿下雪。平地因何下雪？因為來自北方各國的鸕鶿南遷到此，避冬。鸕鶿是全世界最會潛水捕魚的水鳥，又稱「魚鷹」。我瞪大眼睛，好奇那樣的奇特畫面，有一天我要拜訪「另類的白色聖誕節」。

今年九月，因為要策畫「品味私塾」冬部曲，我再次到古島。發現：這裡的冬天，除鸕鶿、百年洋樓，還有從明朝就有的石蚵海岸、綿延的高粱田，構成四大奇景。但長久以來，金門被戰地印象給深深隱藏。

我好奇：為何四大奇景會發生在金門，一座曾經的貧瘠之島？原來，因為戰地；原來，貧瘠也是優勢。

鸕鶿是大胃王，每天進食約五百公克的魚，一千隻鸕鶿會吃掉五百公斤的魚。因此，百年以來，鸕鶿在全世界遭到漁民捕殺。某些國家甚至絕跡。自然而然，鸕鶿對人類有高度防備。戰地，讓金門長期限制發展，人類止步，意外讓這裡成為鳥類與海洋的天堂。當全球野鳥數量減少之際，到金門越冬的鸕鶿數量逆勢上揚，一代接一代，一年復一年，現在已有上萬隻的鸕鶿來此越冬。有多壯觀，花費近四年完成鸕鶿紀錄片的廖東坤導演，以「黑色舞影」命名這支片子，即可想像，每天鸕鶿盤旋在空中整隊出發覓食與夕陽棲地，在天空形成變化萬千的潑墨畫的獨特。他說，即便在鸕鶿的原棲地都沒有金門這麼壯觀。

不只天空，海洋的金門也是精彩，夏天的潮間帶可以看到有「活化石」之稱的鱟。那個與恐龍同時期的海中生物，原本在台灣也是有的，現在僅見於金門等少數海域。

天上的鸕鶿、海洋的鱟，構成「野金門」的冬、夏海景，也暗示，當人類不步步進逼，留給大自然一些空間的美好。鸕鶿會來，鱟會繁盛。

在四季中，人類的冬天是蟄伏。但鳥類的冬天，高粱的冬天，蚵仔的冬天，進入一個高潮。年初，在構思「品味私塾」時，我想以旅行與課程，用食物與植物，譜出台灣的四季。想走入季節的精彩。於是，當結束五月夏部曲「在初夏，當麵包遇到香蕉」後，我花了半年時間，從北部走到東部，陷入苦思。最後在離島金門，看到這是最棒訴說冬天台灣的地方。

飛越萬里，一萬三千隻從西伯利亞、青海來的鸕鶿，在高粱飽穗的季節，落腳金門。迎冬時節，農人忙收割，鸕鶿忙新厝，忙覓食。牠們晨出夕返，飛過四百年的石蚵田，飛過紅瓦成群的洋樓。

金門，這座文明始於唐朝的古島。千年來，曾是元朝的鹽場之島，曾被多次人為大破壞而成貧瘠的荒島，曾在康熙皇帝一聲令下而人民全數撤出的空島，如今在旱地裡，長出一畝畝高粱，成為一甕甕的高粱酒。橘紅的夕陽，我走入齊肩的高粱田，也彷彿走入張藝謀導演的《紅高粱》電影。

從高山到海洋——春天，我走山海圳

我要去健行，從台灣最高山走到海洋，這路叫「山海圳」。
但是，它有一七七公里，我沒走過這麼遠的路……
但是，它還沒全程路標，會迷路……
但是，身旁沒有想一起健行的人……
但是……
我沒理會這些「但是……」，四月底，弱腳的我跟著登山健將組成七人踩線團，啟程「山海圳」！
「山海圳」很迷人，它的起訖是山與海，各擁一座國家公園：玉山國家公園與台江內海國家公園。如果你手上有一張千元大鈔，仔細看，上面近半數的特有動植物就在這路徑。這是台灣的朝聖之路（Camino de Santiago），它的最高處玉山是鄒族傳說祖先的發源地，濱海處是台灣第一個治權荷蘭建城之處。這也是一條穿越台灣四百年時空的溯源之路。

我的旅程，從高山的針葉林起走。

我熟悉柳杉，小時候在它製成的教室桌椅讀書，但從沒理解，誰在台灣高山遍植它？我熟悉曾文水庫，經年累月食著它灌溉的稻米，但從沒想會上溯曾文溪的源起。

曾文溪的源頭，離阿里山「特富野古道」不遠處，是鄒族部落的心臟。這條古道，曾是鄒族往來阿里山與玉山的獵徑，獵鹿獵山豬。日本人來了，在古道築起鐵路，鐵道穿梭在高山針葉林，運走紅檜。原生紅檜少了，日本人新植柳杉林取代。不從人願，日本柳杉在台灣不成材，只能勉強製成教室課桌椅或電線桿。既沒有砍伐價值，也就不再新植。說到底，柳杉林是一場「時代的誤判」。因誤判而成林，因了解而遺棄。

今日，小火車沒了，伐木工人沒了，特富野古道被納入「山海圳」，雲霧間的柳杉林比張大千的潑墨畫還要詩意。下行之路，走在廢棄鐵道上，遙想百年前的高山繁華。

循著曾文溪繼續下山，不知不覺闖入它莽撞的歲月。離開山區的曾文溪，年輕時被稱為「青瞑蛇」（眼盲），百年間四度變更河道，一次次亂竄成災，導致台江內海被泥沙淤積，成為陸地，滄海桑田，我無法想像屹立高樓的台南市中心以前是內海。

一條曾文溪，毀了台江內海，但催生二座重要的水庫，其中之一就是以溪名命名的曾文水庫。經過四天的近三千公尺陡降，我們逐漸告別山區，山與平原間有「崗哨」，是二座水庫。抵達曾文水庫時，我難以置信眼前的景象，「怎麼回事？」台灣最大的水庫卻不見水，綠草如茵，白鷺鷥其中。水呢，水在哪？因為久旱，台灣最大的水庫變成草原，也因此，意外地在乾涸的水庫底，看到半世紀前的繁榮遺跡。

曾文溪畔曾是一條多種族的聚落走廊，有鄒族、漢人、日本人。那裡有戲院、賭場與糖廠。早期生產的蔗糖、鹿皮等，利用竹筏，沿曾文溪運至溪口的台南銷售。水庫的興建計畫將淹沒聚落。當時居民不捨老家沉在水底，合力「搬房子」，從水庫底以人龍在山間接力，將村子搬上水庫旁的茄萣腳。

曾文水庫底下的聚落被犧牲了，重建的茄萣腳聚落虛弱地活著。當年意氣風發的大水庫，被淤泥與乾旱逼得難辨面目。於此同時，旱地嘉南平原成為沃田，成為台灣最大的糧倉。這就是歷史，死亡與誕生的接力，也是一個故事換一個故事的接力。

這六天魔術般的景象變化，從針葉林、闊葉林、竹林、茶山，最後是稻田與菱角田。春天的水雉或展翅在菱角田，熾熱的太陽催熟累累的芒果，有的已赭紅，有的已落地。

最後一段了。下班放學車潮中，橘影粼粼映照嘉南大圳，「趕得上在太陽沒入海面前抵終點嗎？」我有些焦急……倒數五公里處，領隊問我：「要坐補給車嗎？趕得上台江夕照。」走了六天，身體已不是自己的，腿顫抖如重心不穩的醉漢。心動與掙扎……不知哪來的果決，我還是搖頭了，伸展一下小腿，灌下半瓶水，繼續走吧。路上已無人跡，只剩一彎月、一顆星，圳旁的筊。已追不到日落，心反而放下，聽「山海圳」發起者吳茂成從台北返鄉的故事，聽魚塭的蟋蟀聲。流浪狗在荒

故事一八六九，一條茶金之河的秋日

這是一條茶金之河，從山城大溪航往海洋紐約。河的身世如此迷人、波瀾壯闊。我站在淡水河畔的海關碼頭，裝茶卸貨的繁華不再，獨留蹲在岸邊百年的十五塊繫船石與碼頭倉庫。

這是「Formosa Tea」的河上故事。

一八六〇年，清朝戰敗與英法簽訂「天津條約」。這紙合約，開啟淡水港讓洋人進入台灣。

一八六九年，兩艘載著二十一萬斤茶葉的大帆船，從淡水河出海，穿過非洲的蘇伊士運河，抵達紐約。船東是英商陶德（John Dodd）。兩艘帆船返航時，載滿鈔票。此後，商人、農人與製茶師蜂擁投入，瘴癘的北台灣變成一丘丘茶山，茶葉變成黃金，陶德成為「台灣茶葉之父」。淡水河忙碌了，茶船頻繁出洋，「Formosa Tea」走入大時代的世界時尚。《綠色黃金：茶葉帝國》作者艾倫．麥克法蘭註解這段歷史：「只有茶葉成功地征服全世界。」

茶葉，也翻轉台灣社會：從人到聚落，到城市，到國家。漢人移入少有人跡的北台灣，種茶築夢。城市興起，沿河依山形成許多聚落。台灣的經濟與政治重心，從南部北移：台北誕生了。

國家敗了，城市富了。這是時代悲劇，還是喜劇？

放在中央研究院的《海關報告》，統計一八六八到一八九〇年的台灣出口貿易，茶葉獨佔台灣出口的半壁江山。從清朝末年，繼續叱吒到日治時期。茶，豈止是一杯水，何止是一株樹，爾後是商人的金子，政府的主力稅收。我明白，在沒有鐵路的漫長年代，大河不只是地貌，而是大地史書。

好奇排山倒海而至。我想探索淡水在「茶金之河」時代，如何呼風喚雨，造就聚落與時代人物。背起行囊，我從淡水出發，尋河而上，為「品味私塾」秋部曲踩線。

沒築起高高的堤防前，台北人是依河而生，最大的河港就是大稻埕。商船卸貨後直入街屋，狹窄的門面深深而入。茶工茶商與茶廠，忙碌如上海，最富有的商人都從這裡起家，都是茶商。這裡總讓我想起，法國隆河畔的里昂，同樣的河港街屋，里昂卸下的是絲綢，造就「歐洲絲綢之都」，絲綢織成錦衣，一輛輛馬車運至巴黎。

茶葉翻轉歷史的代表性聚落，莫過於由小村變成台灣第二大城的大稻埕。大稻埕人將致富換成進口上好建材，請來匠師，在一條街又一條街蓋起洋樓。一九三〇年代的《南街殷賑》縮影當時大稻埕的繁華時空，這是城鎮富裕後催生的本土文化，郭雪湖為代表的台灣畫派、李臨秋為代表的台灣歌《望春風》、江山樓為代表的台灣菜。

洋樓老街是百年茶鎮的共同符號，循河而上，抵達到淡水河上游的最大河港山城大溪。當年台灣的前二十大城鎮怎會在山間？河運的黃金時期，淡水河船隻最深可抵處便是大溪。千帆盛況，是山間河港的獨有景色。採茶季，挑夫們連夜從另外兩大茶鎮——新竹關西與北埔翻山古道，到大溪碼頭。早期各大洋行都在這裡設立分行，收茶。於是，一九三〇年代日治政府從這裡開啟台灣的第一個城鎮規劃。現在的三條洋樓老街，牌樓上的牡丹、蟾蜍、算盤，與日語發音的羅馬拼音說著百年商號的繁華故事。

上溯這條茶金之河，從大溪，以古道串聯二個百年茶鎮關西與北埔。找到百年茶鎮，尋找一代茶商身影。

在大稻埕李春生（一八三八～一九二四）之後，客家勢力「茶虎」姜阿新

（一九〇一～一九八二）崛起於台灣商場。

主人與英商聯手，坐鎮北埔掌控北台灣茶葉，從茶園到茶廠，甚至自建車隊。卡車載貨，也載鈔票。他的女婿回憶：「因為貶值而不得不用茶袋包裝的大量鈔票，縱橫穿梭遠近茶葉產地。有一次，永光（姜家企業）卡車從台北滿載袋裝台幣現鈔經過竹東時，多位竹東人士放鞭炮讚揚。」輝煌時代，姜阿新有馬匹與黑頭車。走入姜阿新洋樓，在土厝年代，這座兩層樓高的洗石子洋樓在新竹北埔昂然矗立，與台北大稻埕對話。

斯人已遠，百年茶鎮回歸寧靜。我佇立在關西老茶廠的世界之牆前，凝視八十六個港口的鐵牌。輝煌，盡在其中。

螞蟻只有〇・一公分高，
但是，給牠一座梯子，
牠可以爬得比長頸鹿還高。
那座梯子，叫做夢想。

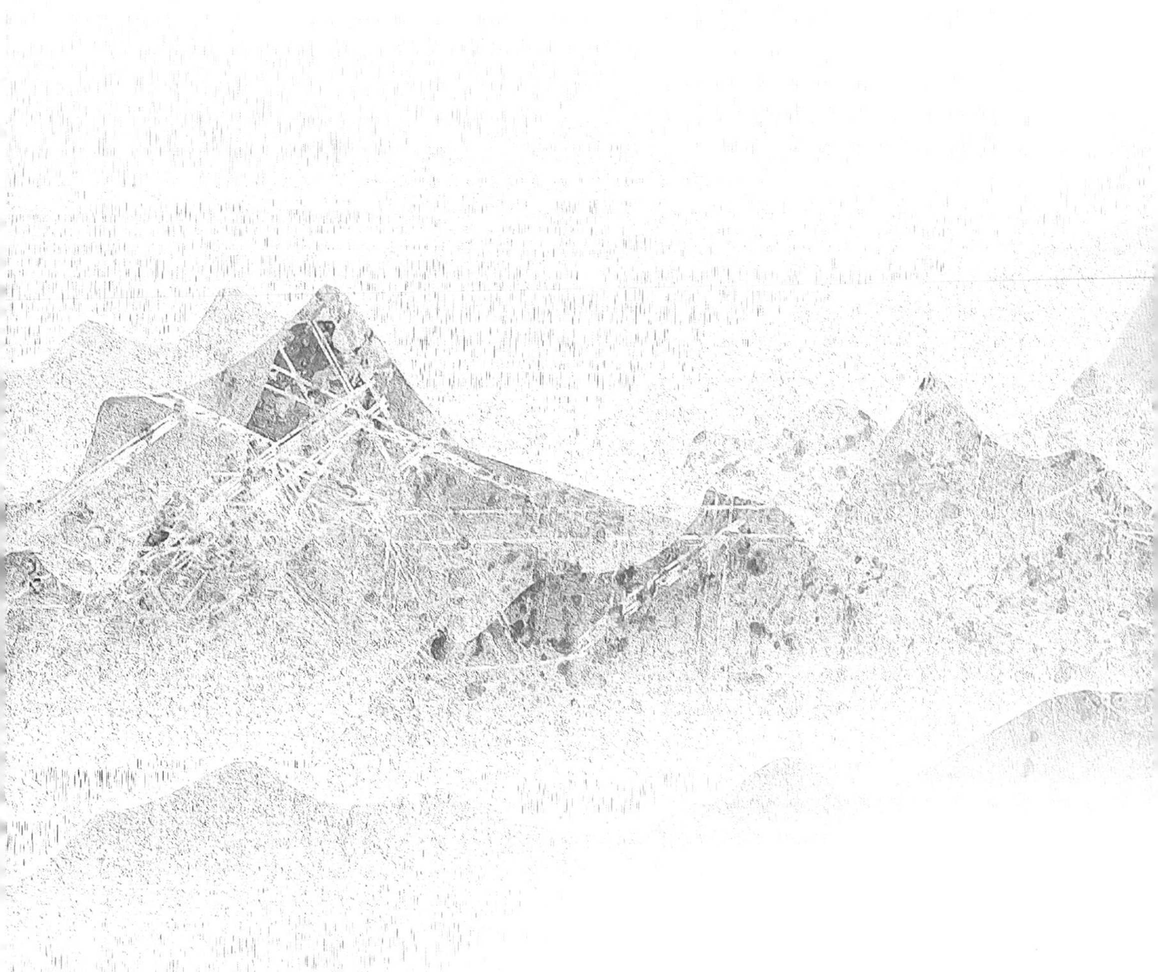

國家圖書館出版品預行編目資料

沒有大學文憑的日子， 我說故事【暢銷珍藏版】
/ 王文靜著 . -- 臺北市 : 三采文化股份有限公司 ,
2021.10
面； 公分 . -- (FOCUS ; 101)
ISBN 978-957-658-539-5(平裝)

1. 生涯規劃 2. 通俗作品

192.1 110005335

@封面圖片提供：
Xinling yi fang / Shutterstock.com

suncolor
三采文化集團

FOCUS 101

沒有大學文憑的日子，我說故事【暢銷珍藏版】

作者｜ 王文靜
副總編輯｜ 王曉雯 執行編輯｜ 鄭雅芳
美術主編｜ 藍秀婷 封面設計｜ 池婉珊 內頁排版｜ 曾瓊慧 校對｜ 聞若婷

發行人｜ 張輝明 總編輯｜ 曾雅青 發行所｜ 三采文化股份有限公司
地址｜ 台北市內湖區瑞光路 513 巷 33 號 8 樓
傳訊｜ TEL:8797-1234 FAX:8797-1688 網址｜ www.suncolor.com.tw
郵政劃撥｜ 帳號：14319060 戶名：三采文化股份有限公司
初版發行｜ 2021 年 10 月 1 日 定價｜ NT$450
5 刷｜ 2023 年 6 月 10 日

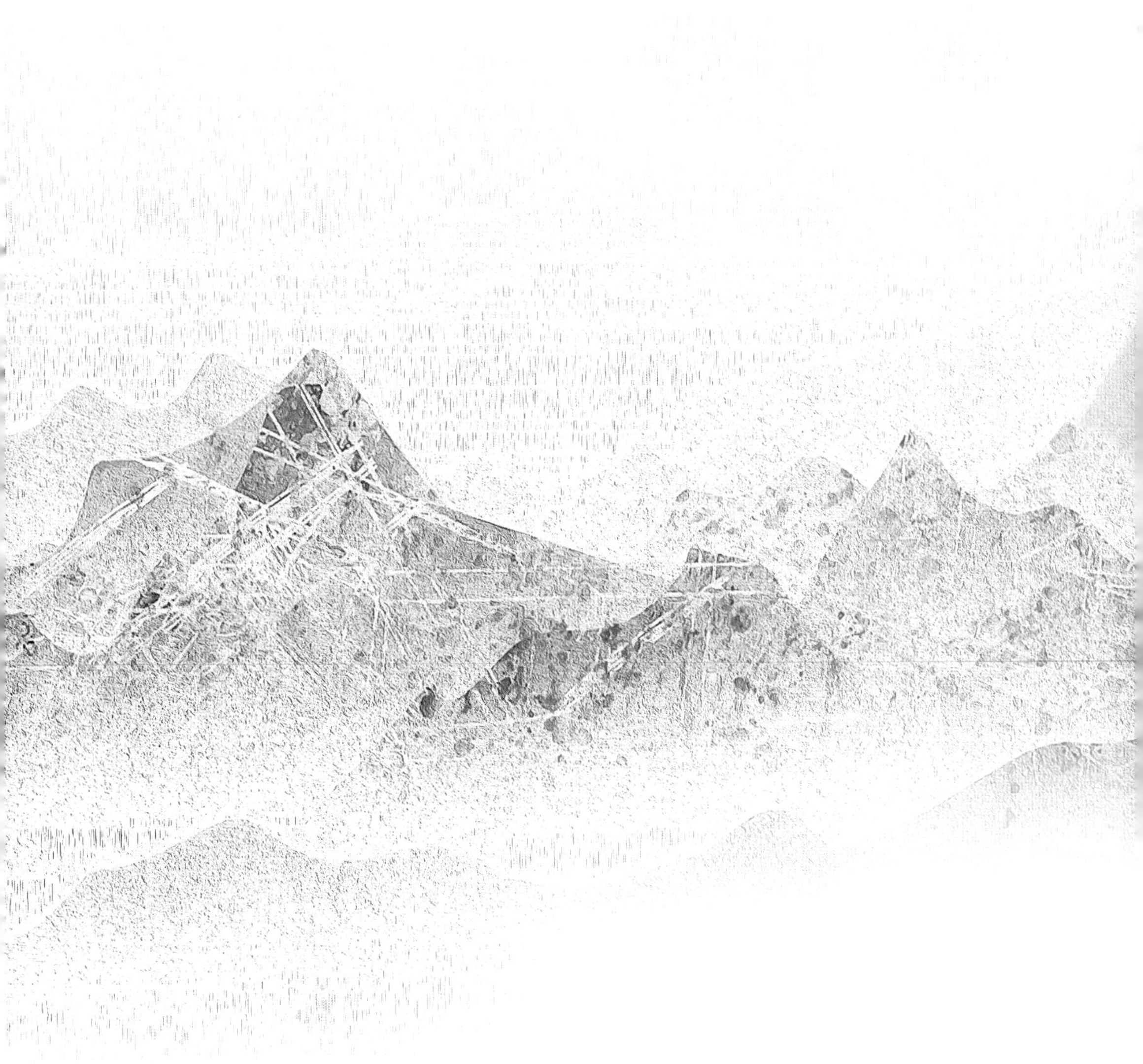